KB273577

AI와 함께 쓰는
자전적 에세이 : 실전 가이드

거인의 어깨 위에서, 당신만의 목소리로 완성하는 30일의 기록

AI와 함께 쓰는
자전적 에세이 : 실전 가이드

2026년 2월 5일 초판 1쇄 발행

지은이   KAY(황충연)
펴낸이   김종욱

교정·교열   조은영
디자인   송여정
마케팅   백인영
출판운영   류서진

주   소   경기도 파주시 회동길 325-22 세화빌딩
신고번호   제382-2010-000016호
대표전화   032-326-5036
구입문의   032-326-5036 / 010-6471-2550 / 070-8749-3550
팩스번호   031-360-6376
전자우편   mimunsa@naver.com
 ISBN   979-11-87812-45-6

AI와 함께 쓰는
자전적 에세이 : 실전 가이드

거인의 어깨 위에서, 당신만의 목소리로 완성하는 30일의 기록

KAY (황충연) 지음

미문사

거인의 어깨 위에서 쓰는 당신의 이야기

2023년 봄, 나는 쓰고자 했던 한 권의 책쓰기를 포기해야 했다.

40년을 일했다. 원자력연료㈜에서, 그리고 KOTRA에서 원자력 연료 수출입, 무역협상, 중소기업 수출컨설팅을 했다. 보고서는 익숙했고 제안서도 썼지만, 책은 한 권도 없었다. 사실 KOTRA에 수출컨설턴트로 일하면서 3년여 동안 중소기업 수출지원 가이드북을 써보려 나름 여러 시도를 했지만 완벽히 실패했다.

그런데…

그 즈음 ChatGPT라는 생성형 AI의 출현을 알게 되었다. 가입을 마치고 초기 인터페이스를 마주했으나, 이를 어떻게 해야 할지 감도 못 잡고 일주일 넘게 시간을 보냈다.

거인들의 어깨

1675년, 아이작 뉴턴이 로버트 후크에게 보낸 편지에 이렇게 썼다. "내가 더 멀리 보았다면, 그것은 거인들의 어깨 위에 올라섰기 때문이다."(If I have seen further it is by standing on the shoulders of Giants.)

나는 거인의 어깨에 올랐다. 첫 번째 거인은 2400년 문학사였다. 아리스토텔레스, 헤밍웨이, 프루스트. 이미 검증된 원리들이 거기 있었지만, 문제는 접근법이었다.

문학을 전공하지 않은 내가 작법서를 쓰게 된 출발점은 단순했다. 『AI로 나만의 책 쓰는 법』을 준비하며 유시민부터 스티븐 킹까지 수십 권의 작법서를 살펴보았다. 그들의 공통된 가르침은 비슷했다. 많이 읽고 많이 쓰며 글쓰기 근육을 길러라. 물론 맞는 말이다. 하지만 그게 쉬운가.

두 번째 거인은 AI였다. 질문하게 했고, 대신 쓰게 하지 않았다. "프루스트처럼 써줘"라고 하면 감각적 문장이 나온다. "헤밍웨이 스타일로"라고 하면 간결해진다. 2400년 문학사가 순식간에 구현된다.

더 중요한 발견이 있었다. AI와 대화하는 과정 자체가 글쓰기 훈련이었다. 질문하고, 비교하고, 선택하는 동안 자연스럽게 글쓰기 근육이 생겼다. 이제 순서를 바꿀 수 있다. 글쓰기 근육이 충분하지 않아도 시작한다. AI와 대화를 시작하며 빈칸이 메워지기 시작했다.

그런데 가장 중요한 발견이 있었다. 세 번째 요소는 거인이 아니었다. 바로 나 자신이었다. 40년의 현장 경험, 실패와 성공, 좌절과 회복. 이것은 어떤 데이터베이스에도 없는 유일무이한 자산이었다. 세 가지가 만났을 때 책이 완성되었다. 검증된 지식, AI의 도움, 그리고 나만의 이야기. 이 책에서 나는 이것을 '3위일체'라고 부른다.

『챗GPT와 함께 쓴 수출실무 가이드북』. 6개월 넘게 씨름했고 2023년 말에 나왔다. ChatGPT를 열고 물었다. "중소기업 해외수출 실무가이드북을 쓰고 싶다. 어떻게 구성하면 좋을까? 레퍼런스는 미국 상무부가 1936년 초판 발간한 『A Basic Guide to Exporting』이 좋을 거 같다." AI가 답했고, 나는 다시 물었다. "너는 수출실무자들에게 무슨 도움을 줄 수 있나?" "어떻게 이용하면 좋은가?"

신기했다. 새로운 문명의 병기를 손에 쥔 느낌이었다. 프롬프트 요령을 체득하며 동시에 그간 수집한 자료도 정리하여 책을 썼다. 온라인에서 생성형 AI 정보를 읽고 바로 적용했다. 대화하며 구조를 잡았고, 함께 조율하며 완성했다. 처음엔 AI를 대필 작가로 생각했다. "이거 써줘, 저거 정리해줘." 아니었다. AI는 대화 상대요 협업 파트너였다. 내 40년 현장 경험을 문자 체계가 잡혔다. 막힐 때마다 물으니 길이 보였다. 24시간 대기하는 개인 코치요 보조 작가를 얻은 셈이었다.

AI와 협업한다는 것

시작은 '대체'에 가깝지만, 도착은 '자립'에 가깝다. 초반에는 AI가 더 많이 당기지만, 시간이 갈수록 당신의 손이 힘을 얻는다. 오늘의 과제를 정의하고, 초안을 생성하고, 즉시 교정하고, 다음 과제를 제시하는 짧은 루프를 AI가 굴린다.

당신이 메인 작가, AI는 보조 작가이자 코치다. "첫 발령지였던 섬마을의 온기를 그리고 싶다"고 말하면, AI는 "그 온기를 보여줄 한 장면을 고르자"며 질문을 되돌려준다. 중요한 것은 균형이다. AI가 제안하고, 당신이 선택한다. 그 선택의 순간마다 당신은 작가가 된다. AI가 초안을 들어올리고, 당신이 다듬는다. AI가 길을 보여주고, 당신이 걷는다. 이 협업의 과정 자체가 글쓰기 훈련이 된다.

이 책 전체가 바로 이 균형 잡힌 협업의 구체적 방법을 다룬다.

3년 만에 12권

그 경험이 이후 11권의 기반이 됐다. 2023년 봄부터 2025년 10월까지 3년, 12권이 나왔다. 국내 기획 출간 종이책 6권, Amazon KDP 6권으로 모두 세 가지 힘의 결합으로 완성했다.

첫 책 6개월. 두 번째 2개월. 세 번째는 1개월. 속도가 붙었다. AI와 대화하며 자연스럽게 훈련됐다.

12권, 주제는 달랐다. 수출실무, 글쓰기, 비즈니스 문화, 프레임워크, 학습법까지. 하지만 방법은 같았다. 각 분야의 검증된 지식과 AI, 그리고 내 경험을 결합했다. 수출에서는 40년 현장 경험과 국제 무역규범을, 글쓰기에서는 2400년 문학사를, 비즈니스에서는 검증된 프레임워크를. 첫 번째 요소가 바뀔 뿐, 방법론은 동일했다.

왜 지금, 자전적 에세이인가

이 책의 출판 제안을 준비하며 AI 심층 리서치로 국내외 도서를 검색했다. AI 글쓰기 도서는 많았다. AI 책쓰기 요령서도, 프롬프트 모음집도 있었다. 하지만 세 가지 힘의 결합은 없었다. 검증된 지식과 AI를 결합하되, 가장 중요한 것은 당신 자신의 경험이다. 평범한 사람을 전문가로 만드는 체계가 없었다. 나는 증명하고 싶었다. 평범한 직장인도 체계와 동료가 있으면 책을 쓴다는 것을. 자전적 에세이야말로 AI 시대에 가장 적합한 장르라는 것을. 당신의 경험은 AI가 절대 모방할 수 없는 유일무이한 자산이라는 것을.

이 책은 프롬프트 모음집이 아니다. 자기계발서도 아니다. 실전 가이드다. 30일 동안 12편의 자전적 에세이를 완성하는 구체적 로드맵이다. 내가 3년간 12권을 쓰며 발견한 모든 것을 담았다.

세 가지 힘이 가장 자연스럽게 만나는 장르가 바로 자전적 에세이다.

첫째는 문학사다. 아리스토텔레스에서 무라카미까지, 플롯과 장면, 문체와 목소리에 대한 검증된 원리가 문학사라는 실험실에서 수없이 테스트되어 우리 앞에 쌓여 있다.

둘째는 AI다. 오늘의 주요 모델들은 글쓰기 보조 능력이 충분히 실용적 수준에 올라섰다. 중요한 건 기능의 화려함이 아니라, 내 이야기를 꺼내는 데 필요한 구체 작업을 얼마나 민첩하게 돕느냐다. 구조를 짜고, 톤을 맞추고, 표현을 바꾸는 일—혼자서는 하루가 걸리던 과정을 짧은 피드백 루프로 바꿔준다.

셋째는 당신의 경험이다. 삶이 곧 소재다. 30년을 살았다면 수많은 장면이 있다. 그중 12개를 고르고 보편 감정을 드러내면 된다. 두려움, 희망, 상실, 기쁨—개인의 서사 속 보편성이 독자를 움직인다. 기술이 문장 구성의 장벽을 낮춘 지금, 경쟁력은 문장력보다 '무슨 이야기를 할 것인가'에서 나온다.

평범함은 약점이 아니다. AI가 모방할 수 없는 것은 경험 그 자체다. 내가 겪은 실패, 흔들림, 회복의 결은 데이터베이스 어디에도 없다. 그러니 자신의 평범함을 과소평가하지 말자. 바로 그 평범함이 희소한 원천 콘텐츠다.

이 책의 구성과 읽는 법

이 책은 철학-설계-기법-실전의 네 단계로 이어진다. 빠르게 결과를 보고 싶다면 Part 4부터 실행하고 막힐 때 해당 파트로 돌아와도 된다.

Part 1. AI와 함께하는 책쓰기 준비 (Ch.1-3): 왜 자전적 에세이인지, AI와의 건강한 협업 원칙을 정리한다. 3위일체(문학사-AI-나의 경험)와 70/30 규칙을 확정한다.

Part 2. 당신의 12편 설계하기 (Ch.4-6): 라이프 매핑으로 소재 12개를 고르고, 배열 전략을 결정하며, AI와 함께 구성표를 완성한다.

Part 3. 거장의 기법 익히기 (Ch.7-10): 3막 구조, 빙산 이론, 프루스트의 감각 기억 등 거장들의 기법을 실습하고 AI 피드백 루프로 통합한다.

Part 4. 30일 실전 여정 (Ch.11-14): Day 1-30 실행 계획에 따라 초안-퇴고-마무리까지 완주한다. 최소 3편, 목표 12편을 완성한다.

부록: 장르별 변주 가이드, 프롬프트 라이브러리, 에세이 작가를 위한 문학 기법과 표현 사전도 수록했다. 먼저 읽어 보는 것도 흥미로울 것이다.

Kay라는 이름

'Kay'라는 이름으로 다시 쓴다. AI와의 협업을 명시하기 위해서다. 40년 경험과 아이디어는 내 것이다. AI는 표현을 도왔을 뿐이다. 바흐가 오르간을 썼듯, 나는 AI를 쓴다. 이제는 작가든 기자든 AI를 쓰지 않는 사람이 더 드물다.

당신이 주인공이다

이 책을 다 읽을 때쯤, 당신은 최소 3편, 목표는 12편의 자전적 에세이를 완성하게 된다. 당신의 첫사랑, 부모님과의 갈등, 직장 생활의 애환, 인생의 전환점. 이 모든 경험이 문학적 깊이를 가진 작품으로 태어난다.

30일 동안 차근차근 따라오면 된다. 하지만 당신의 속도로 가라. 어떤 날은 30분, 어떤 날은 4시간. 주말에 몰아서 해도 된다. 평일에는 구상만 하고 주말에 쓰는 것도 방법이다. 직장인이라면 출퇴근 시간에 스마트폰으로 메모하고, 점심시간에 AI와 대화하고, 저녁에 조금씩 정리하는 식으로도 가능하다. 30일이 부담스럽다면 45일로 늘려도 된다. 60일도 괜찮다. 12편이 어렵다면 6편부터 완성하자. 중요한 것은 시작과 지속이다. 당신의 삶에 글쓰기를 맞추면 된다. 글쓰기에 삶을 맞출 필요는 없다.

완벽한 문장은 필요 없다. 화려한 기교도 필요 없다. 필요한 것은 단 세 가지다. 당신의 솔직한 경험, 검증된 문학의 지혜, 그리고 AI라는 훌륭한 파트너. 이 책이 제시하는 체계적 방법론이 세 가지를 하나로 엮는다.

갈릴레오-뉴턴-아인슈타인으로 이어진 과학의 계보, 플로베르-프루스트-무라카미로 이어진 문학의 계보처럼, 이제 인간-AI-협업 작가라는 새로운 흐름이 만들어지고 있다. 대체가 아니라 진화다. AI는 당신의 삶을 대신 살 수 없다. 다만 더 명료하고 아름답게 빛나도록 돕는다.

이제 당신 차례다. 인류 역사에서 가장 많은 사람이 작가가 될 수 있는 시대, 우리는 그 초입에 서 있다. 2400년의 지혜와 오늘의 기술, 그리고 당신의 이야기가 만날 준비가 되어 있다. 당신답게 써라. 당신의 호흡으로, 당신의 온도로, 당신만의 진실로. 거인의 어깨 위에 올라서는 순간, 더 멀리 볼 수 있다.

AI와 함께, 하지만 당신의 목소리로.

2025년 겨울

Kay(황충연)

AI 협업작가, 『AI로 나만의 책 쓰는 법』 저자

문학사 거인들의 메시지
(가상 오마주)

"시작과 중간과 끝이 있는 이야기만이 완전하다. 이 책은 당신에게 3막 구성의 질서를 가르친다. 하지만 더 중요한 것은 카타르시스다. 12편의 에세이를 쓰는 동안, 당신은 자신의 삶을 정화하게 될 것이다. AI는 구조를 제시할 수 있지만, 정화의 순간은 오직 인간만이 경험한다."

– 아리스토텔레스

"모든 인간은 무대 위의 배우다. 당신의 삶도 하나의 드라마다. 갈등 없는 이야기는 죽은 이야기다. 이 책이 가르치는 3위일체 방식은 당신 안의 갈등을 발견하고, 그것을 보편적 감정으로 승화시킨다. 햄릿의 고뇌가 400년 후에도 살아있듯, 당신의 고민도 영원할 수 있다."

– 셰익스피어

"벽에 걸린 총은 반드시 발사되어야 한다. 불필요한 것은 모두 제거하라. 이 책의 70/30 규칙이 바로 그것이다. AI가 화려한 장식을 제안해도, 당신은 본질만 남기는 용기를 가져야 한다. 디테일은 우연이 아닌 필연이어야 한다. 당신의 경험 중 꼭 필요한 것만 선택하라."

– 체호프

"덜 써라—그러면 더 많이 보일 것이다. 이 책이 제시하는 하루 2시간의 반복이 바로 글쓰기 근육을 만든다. AI가 초안을 들어 올리는 동안, 당신은 무엇을 빼야 할지 결정하라. 결과는 간결함이 아니라 밀도다. 빙산의 8분의 7은 물속에 있어야 한다."

– 헤밍웨이

"작은 마들렌 과자 하나가 전 생애를 소환한다. 당신에게도 그런 순간이 있다. 이 책은 그 순간을 찾는 방법을 알려준다. AI는 기억을 정리할 수 있지만, 감각의 층위는 오직 당신만이 펼칠 수 있다. 시간은 직선이 아니라 나선이다. 과거와 현재를 엮어내라."

– 프루스트

"모든 행복한 가정은 비슷하지만, 불행한 가정은 저마다의 이유가 있다. 당신의 개인적 경험이 보편적 진리가 되는 순간, 문학이 탄생한다. 이 책의 3위일체는 바로 그 연금술이다. 작은 이야기에서 시작하되, 인류 전체를 향해 말하라. AI는 도구일 뿐, 영혼은 당신이 불어넣는 것이다."

– 톨스토이

"네가 되어라! 다른 누구도 아닌, 오직 너 자신이 되어라. 이 책이 말하는 '시작은 AI와, 도착은 나와'가 바로 그것이다. AI를 지팡이 삼아 걸어가되, 결국은 홀로 서야 한다. 창작은 자기 극복이다. 30일의 여정은 당신을 더 강하게 만들 것이다. 심연을 들여다보는 자, 심연도 그를 들여다본다."

– 니체

목 차

프롤로그　거인의 어깨 위에서 쓰는 당신의 이야기　6
추 천 사　문학사 거인들의 메시지　14

01　AI와 함께하는 책쓰기 준비

CHAPTER 1.　AI 책쓰기의 3위일체

1.1　3위일체란 무엇인가　22
1.2　왜 3위일체여야 하는가　24
1.3　70/30 황금 규칙　26
1.4　이 책의 30일 약속　28

CHAPTER 2.　왜 자전적 에세이인가

2.1　AI 시대 최적의 장르　31
2.2　자전적 에세이의 본질　33
2.3　K-에세이 붐에서 배우는 것　35

CHAPTER 3.　AI 파트너십 구축하기

3.1　AI 글쓰기 파트너 이해하기　40
3.2　효과적인 협업 설정　45
3.3　AI 윤리와 건강한 협업　46
3.4　효과적인 프롬프트 작성법　49
3.5　70/30 규칙과 지속적 학습　55

02　당신의 12편 설계하기

CHAPTER 4.　당신의 12개 이야기 찾기

4.1	라이프 매핑: 인생 시각화	60
4.2	기억의 발굴 기법	63
4.3	주제 찾기와 연결	66
4.4	독자를 위한 선별	69

CHAPTER 5.　12편 구조와 배열

5.1	전체 구성의 4가지 전략	74
5.2	각 편의 역할과 위치	80
5.3	연결과 통일성	83

CHAPTER 6.　AI와 함께하는 기획 완성

6.1	브레인스토밍 세션	88
6.2	선별과 우선순위	92
6.3	구성표 만들기	96

03　거장의 기법 익히기

CHAPTER 7.　서사 구조의 원리

7.1	아리스토텔레스의 3막 구조	104
7.2	조셉 캠벨의 영웅 여정	108
7.3	셰익스피어의 갈등 엔진	112
7.4	시간의 조작과 배치	115

CHAPTER 8.　문장과 장면의 기술

8.1	헤밍웨이의 빙산 이론	120
8.2	체호프의 총 법칙	123
8.3	프루스트의 감각 기억	125
8.4	장면 만들기	128

CHAPTER 9.   목소리와 의미 부여

9.1	문체의 일관성 유지	132
9.2	거리두기와 몰입	137
9.3	개인사를 보편으로	140
9.4	여운 만들기	143

CHAPTER 10.   AI를 통한 기법 통합

10.1	AI가 발견한 7가지 현대 패턴	147
10.2	자주 하는 실수와 해결	152
10.3	피드백 루프	155

04   30일 실전 여정

CHAPTER 11.   1주차: 기초와 첫 발 (Day 1-7)

11.1	Day 1-2: 전체 설계	162
11.2	Day 3-4: 자료 수집	165
11.3	Day 5-6: 첫 번째 에세이	168
11.4	Day 7: 완성과 휴식	172

CHAPTER 12.   2-3주차: 리듬과 가속 (Day 8-21)

12.1	Week 2 (Day 8-14): 에세이 2-6편	178
12.2	Week 3 (Day 15-21): 에세이 7-11편	187
12.3	위기 관리	191
12.4	2-3주차 마무리	196

CHAPTER 13.   4주차: 통합과 완성 (Day 22-30)

13.1	Day 22-23: 마지막 에세이	198
13.2	Day 24-25: 전체 퇴고	202
13.3	Day 26-27: 서문과 후기	208
13.4	Day 28-30: 최종 마무리	211
13.5	4주차 마무리	217

CHAPTER 14. **편집과 출간 준비**

14.1 자가 편집   219
14.2 전문적 마무리   223
14.3 출간 플랫폼   225
14.4 독자와의 만남   226

05 | 스페셜 기획: 작가를 위한 실전 도구 상자

도구 1   장르별 변주 가이드   232
도구 2   실전 프롬프트 라이브러리   246
도구 3   에세이 작가를 위한 문학 도구 상자   263
         PART A 문학 기법 가이드   264
         PART B 문학적 표현 사전   282

에필로그   생성형AI 선구자의 통찰
           ─샘 올트먼이 말하는 AI와 글쓰기의 영혼   302

01
AI와 함께하는 책쓰기 준비 

글쓰기를 시작하기 전에 알아야 할 것들이 있다. 글쓰기의 3위일체이다. 3위일체란 2400년 문학사의 지혜, AI라는 혁명적 도구, 그리고 당신의 유일무이한 경험이 만나는 지점을 말한다. 자전적 에세이는 이 세 가지가 가장 자연스럽게 융합되는 최적의 장르다. AI와의 협업은 도구 사용이 아닌 파트너십 구축이다. 지금부터 소개하는 내용은 딱딱한 이론이 아니라, 당신이 30일 동안 실천할 철학과 마인드셋이다.

AI시대 글쓰기의 3위일체

문학사의 거인들
문학사 거인들의 구조와
기법 제공

AI
AI의 속도와 코칭으로
글쓰기 지원

나의 경험
나의 경험으로 독자 공감대 형성

CHAPTER 1

AI 책쓰기의 3위일체

3위일체 글쓰기는 이 책의 핵심 철학이다. 2400년 문학사, AI, 그리고 당신의 경험이라는 세 가지 힘이 만나 시너지를 일으킬 때, 평범한 일상이 문학적 작품으로 승화된다. 이 장에서는 3위일체가 무엇이고, 왜 필요하며, 어떻게 실천할 것인지 구체적으로 살펴본다.

1.1 3위일체란 무엇인가

창작에는 신성함이 있다. 무에서 유를 만들어내는 순간, 우리는 작은 창조자가 된다. 그리고 이제 우리에게는 세 개의 강력한 힘이 있다. 2400년 문학사라는 거대한 지혜의 축, AI라는 혁명적 도구의 축, 그리고 당신의 경험이라는 유일무이한 축. 이 세 축이 만나는 지점에서 진정한 글쓰기가 시작된다.

첫 번째 축: 2400년 문학사 – 첫 번째 축은 2400년 문학사다. 호메로스의

『일리아스』부터 시작해 소포클레스, 단테, 세르반테스, 셰익스피어, 괴테, 발자크, 디킨스, 톨스토이, 도스토예프스키, 프루스트, 조이스, 카프카, 헤밍웨이, 가르시아 마르케스, 한강까지. 모두 인간 조건을 탐구하고 보편적 진리를 발견한 거장들이다. 하지만 이제 이들의 지혜를 배우기 위해 평생을 바칠 필요는 없다. AI가 이 거장들의 기법과 통찰을 즉시 당신에게 전달할 수 있기 때문이다.

두 번째 축: AI 도구 – 두 번째 축은 AI 도구다. AI는 24시간 대기하는 글쓰기 파트너다. 지치지 않고, 짜증 내지 않으며, 무한한 인내심을 가지고 있다. 당신이 "이 문장이 어색한 것 같은데"라고 물으면 즉각 열 가지 대안을 제시한다. "체호프라면 이 장면을 어떻게 썼을까?"라고 물으면 체호프의 경제적 문체로 다시 써준다. AI는 당신의 초안을 받아 구조를 분석하고, 논리적 허점을 찾아내며, 더 나은 표현을 제안한다. 하지만 AI는 도구일 뿐이다. 결정은 언제나 당신이 내린다.

세 번째 축: 당신의 경험 – 세 번째 축, 가장 중요한 축은 바로 당신의 경험이다. 당신이 살아온 모든 순간, 느꼈던 모든 감정, 만났던 모든 사람, 겪었던 모든 사건. 이것은 세상 어디에도 없는 유일한 데이터베이스다. AI가 아무리 발전해도 당신이 어제 저녁 식탁에서 느낀 그 묘한 적막감, 첫 월급을 받았을 때의 뿌듯함과 동시에 느낀 허탈함, 부모님이 늙어가는 모습을 보며 느낀 그 복잡한 감정을 알 수는 없다. 이것이 바로 대체 불가능한 당신만의 자산이다.

세 축이 만날 때 – 이 세 축이 만날 때 놀라운 시너지가 일어난다. 당신의 경험은 더 이상 단순한 일화가 아니라 문학적 깊이를 가진 이야기가 된다. 문학사의 거장들이 축적한 기법은 당신의 이야기에 구조와 힘을 부여한다. AI는 이 과정을 가속화하고 즉각적인 피드백으로 방향을 제시한다. 마치 삼각대처럼, 세 개의 다리가 모두 있어야 안정적으로 서는 것이다.

예를 들어 보자. 당신이 "어머니와의 갈등"에 대해 쓰고 싶다고 하자. 문학사는 카프카의 『아버지에게 드리는 편지』, 프루스트의 어머니와의 관계, 톨스토이의 가족 서사를 참고점으로 제시한다. AI는 이런 거장들의 접근법을 분석해 당신에게 구체적인 글쓰기 전략을 제안한다. 그리고 당신은 자신만의 구체적 경험—어머니가 만들어준 된장찌개의 맛, 대학 진학을 두고 벌인 논쟁, 병원 침대에서 잡은 주름진 손—을 더한다. 이렇게 해서 보편성과 특수성을 동시에 가진 작품이 탄생하는 것이다.

1.2 왜 3위일체여야 하는가

이제 가장 중요한 비율 이야기를 하겠다. 각각을 따로 사용할 때와 함께 사용할 때의 차이를 실제로 보여드리겠다. 이것은 수많은 글쓰기 워크숍에서 목격한 실제 패턴들이다.

패턴 1: 문학사만 의존하는 경우 – 먼저 문학사만 의존하는 경우다. "이론은 다 아는데 막상 쓰려니 못 쓰겠어요." 이런 분들은 헤밍웨이의 빙산 이론을 알고, 체호프의 총 이론을 외우고, 아리스토텔레스의 3막 구조를 이해한다. 서재에는 작법서가 가득하고 밑줄도 빼곡하다. 하지만 빈 원고

앞에서는 얼어붙는다. 지식이 오히려 족쇄가 되어 "이게 과연 문학적으로 가치가 있을까?" "거장들에 비하면 너무 초라한데?"라는 자기 검열에 빠진다. 이론의 무게에 눌려 시작조차 못하는 것이다.

패턴 2: AI만 의존하는 경우 – AI만 의존하는 경우는 어떨까? "뭔가 기계적이고 영혼이 없어요." AI에게 "감동적인 어머니 이야기를 써줘"라고 요청하면 그럴듯한 글이 나온다. 문법적으로 완벽하고 구성도 탄탄하다. 하지만 읽고 나면 마음에 남는 게 없다. 일반적이고 예측 가능한 이야기일 뿐이다. "어머니는 항상 새벽에 일어나 도시락을 싸주셨다"는 문장은 맞지만, 당신 어머니만의 독특한 습관—김밥 속에 항상 단무지를 빼는 것, 계란 지단을 하트 모양으로 자르는 것—은 없다. AI는 보편적 패턴은 알지만 특수한 디테일은 모르기 때문이다.

패턴 3: 경험만 의존하는 경우 – 경험만 의존하는 경우도 있다. "쓰고 싶은 게 많은데 어떻게 쓸지 모르겠어요." 이런 분들은 귀중한 경험이 넘친다. 전쟁을 겪은 할아버지, 이민 생활의 고단함, 창업 실패와 재기, 희귀병과의 투쟁. 하지만 이것을 어떻게 이야기로 만들지 모른다. 시간 순서대로 나열하면 일기가 되고, 감정만 토로하면 푸념이 된다. 구조가 없어 산만하고, 기법이 없어 지루하며, 객관적 거리가 없어 독자와 소통하지 못한다.

3위일체의 힘 – 그런데 3위일체로 접근하면 완전히 달라진다. "내 이야기가 작품이 되었어요!" 예시를 들어보자. 그녀는 치매에 걸린 아버지를 돌보는 이야기를 쓰고 싶었다. 먼저 AI에게 치매를 다룬 문학 작품들을 물었다. 앨리스 먼로의 『곰이 산을 넘어오다』, 오에 겐자부로의 작품들을 추천받았다. AI와 함께 이 작품들의 서사 전략을 분석했다—기억의 파편화를 문장 구조로 표현하는 법, 시점을 전환해 거리를 두는 법.

그다음 자신의 경험을 구체적으로 떠올렸다. 아버지가 자신을 알아보지 못했던 순간, 그런데 갑자기 "우리 딸"이라고 부르며 웃었던 순간, 어린 시절 아버지와 함께 등산했던 산을 혼자 올랐던 날. AI는 이런 조각들을 어떻게 배치할지, 어떤 순서로 공개할지 제안했다. 체호프의 방식대로 불필요한 설명을 빼고, 프루스트처럼 감각적 디테일로 기억을 소환했다.

결과는 놀라웠다. 단순한 간병 일기가 아니라, 기억과 망각, 사랑과 상실에 대한 보편적 성찰이 되었다. 독자들은 "우리 아버지 이야기 같다"며 공감했고, 동시에 "이런 표현은 어떻게 생각해냈나요?"라며 문학적 성취를 인정했다. 이것이 바로 3위일체의 힘이다.

1.3 70/30 황금 규칙

이제 가장 중요한 비율 이야기를 하겠다. 70%는 당신, 20%는 문학사, 10%는 AI. 이 황금 비율을 기억하라. 많은 사람이 AI 시대에 글쓰기를 시작하면서 이 비율을 뒤집는 실수를 한다. AI 70%, 자신 30%. 이렇게 되면 당신의 목소리는 사라지고 AI의 복제품만 남는다.

70%: 당신 – 70%를 차지하는 '당신'은 무엇을 의미할까? 첫째, 당신의 경

험이다. 살아온 모든 순간이 소재가 된다. 둘째, 당신의 감정이다. 그 경험을 하면서 느낀 솔직한 감정, 복잡한 심리, 모순된 마음. 셋째, 당신의 선택이다. 무엇을 쓸지, 어떤 단어를 고를지, 어떤 장면을 강조할지, 모든 결정은 당신이 내린다. AI가 열 가지 옵션을 제시해도 선택하는 것은 당신이다.

20%: 문학사 – 20%를 차지하는 문학사는 당신의 이야기에 깊이와 구조를 더한다. 2400년 동안 검증된 스토리텔링 기법들—인물 설정, 갈등 구조, 클라이맥스 배치, 복선과 반전. 이것들은 독자와 소통하는 보편적 문법이다. 당신이 모든 거장을 읽을 필요는 없다. AI가 즉시 "이 상황에서는 체호프의 방식이 효과적일 것 같은데요"라고 제안할 테니까. 중요한 것은 맹목적으로 따르는 게 아니라 당신의 이야기에 맞게 변형하는 것이다.

10%: AI – 10%의 AI는 촉매제 역할을 한다. 막힐 때 돌파구를 제시하고, 다른 관점을 보여주며, 문장을 다듬는 것을 도와준다. "이 문단이 너무 설명적인 것 같은데 어떻게 고칠까?"라고 물으면 AI는 구체적 제안을 한다. "회상 장면을 현재형으로 쓰면 어떨까?"라는 실험적 시도도 AI와 함께라면 부담 없이 해볼 수 있다. 하지만 기억하라. AI는 10%다. 조연이지 주연이 아니다.

시작은 AI와, 도착은 나와 – "시작은 AI와 함께, 도착은 나 혼자"라는 철학이 바로 여기서 나온다. 글쓰기를 시작할 때 AI는 훌륭한 동반자다. 첫 문장의 막막함을 덜어주고, 구조를 잡는 것을 도와주며, 막힌 부분을 뚫어준다.

하지만 최종 결정, 최종 문장, 최종 의미는 오직 당신만이 만들 수 있다.

실제 적용 예를 보자. "첫사랑"에 대해 쓴다고 하자. 당신이 떠올린 구체적 장면(70%)—학교 앞 떡볶이 가게, 빗속을 함께 뛰었던 골목, 이별을 고한 버스 정류장. 여기에 문학사의 지혜(20%)를 더한다—단테의 베아트리체처럼 이상화하지 말고, 투르게네프의 『첫사랑』처럼 성장의 아픔으로 그려내기. 그리고 AI(10%)가 도와준다—"떡볶이 가게 장면을 더 감각적으로 묘사해보라. 냄새, 소리, 온도를 추가하면?"

이렇게 해서 탄생한 글은 분명 당신의 것이다. AI가 쓴 글이 아니라, AI와 함께 쓴 당신의 글이다. 이 차이가 중요하다. 독자는 본능적으로 안다. 진짜 경험에서 나온 진짜 목소리를.

1.4 이 책의 30일 약속

이제 구체적인 약속을 드리겠다. 30일 동안 12편의 자전적 에세이를 완성하게 된다. 하지만 숨통을 틔워드리자. 6편만 완성해도 성공이다. 아니, 3편만 제대로 완성해도 당신은 이미 작가다. 중요한 것은 숫자가 아니라 '완성'의 경험이다.

하루 2시간을 권장한다. 하지만 이것도 유연하게 해석하라. 어떤 날은 30분, 어떤 날은 4시간. 주말에 몰아서 해도 된다. 평일에는 구상만 하고 주말에 쓰는 것도 방법이다. 직장인이라면 출퇴근 시간에 스마트폰으로 메모하고, 점심시간에 AI와 대화하고, 저녁에 30분씩 정리하는 식으로도 가능하다. 육아맘이라면 아이가 낮잠 잘 때 조금씩, 학생이라면 공강 시간 활용하기. 당신의 삶에 글쓰기를 맞춰라. 글쓰기에 삶을 맞추려 하지 마라.

30일이 부담스럽다면 45일로 늘려도 된다. 60일도 괜찮다. 다만 90일을 넘기지는 마라. 너무 늘어지면 처음의 열정이 식는다. 적당한 긴장감이 있어야 완성에 이른다. 마라톤도 42.195km라는 정해진 거리가 있기에 완주의 기쁨이 있는 것처럼.

완벽보다 완성이 중요하다는 것을 꼭 기억하라. 헤밍웨이는 「노인과 바다」 첫 문장을 200번 고쳤다고 한다. 하지만 그것은 일단 완성한 다음의 이야기다. 처음부터 완벽을 추구하면 첫 문장도 쓸 수 없다. 70점짜리 초고를 완성하고, 80점으로 다듬고, 90점을 향해 나아가는 것. 이것이 현실적인 전략이다.

각 에세이는 원고지 10-15매 분량을 목표로 한다. A4 2-3페이지다. 너무 짧으면 깊이가 없고, 너무 길면 지치고 산만해진다. 이 정도 분량이면 한 가지 경험, 한 가지 깨달음을 충분히 담을 수 있다. 인스타그램 포스트보다는 길고 논문보다는 짧은, 딱 적당한 호흡이다.

12편의 주제는 자유다. 하지만 막막하다면 이런 구성을 제안한다:

- **시간별 구성**: 유년기 3편, 청소년기 3편, 성인기 6편
- **관계별 구성**: 가족 이야기 4편, 친구/연인 이야기 4편, 나 자신의 이야기 4편
- **계절별 구성**: 봄, 여름, 가을, 겨울 각 3편씩

중요한 것은 당신의 삶을 다양한 각도에서 조명하는 것이다. 실패해도 된다. 아니, 실패는 필연이다. 첫 번째 에세이는 분명 마음에 안 들 것이다.

세 번째쯤 가면 "이걸 왜 하고 있지?" 회의가 들 것이다. 다섯 번째에서 포기하고 싶을 것이다. 일곱 번째쯤 되면 "나도 뭔가 쓸 수 있구나" 느낄 것이다. 열 번째가 되면 자신만의 문체가 보이기 시작한다. 그리고 열두 번째를 완성하는 순간, 당신은 더 이상 예전의 당신이 아니다. 글을 쓸 수 있는 사람, 자신의 이야기를 작품으로 만들 수 있는 사람이 된 것이다.

매일 쓰지 않아도 된다. 쓰다가 쉬었다가 다시 써라. 포기했다가 다시 시작해도 된다. 중요한 것은 완주다. 100m 달리기가 아니라 마라톤이다. 중간에 걷기도 하고, 물도 마시고, 잠깐 쉬기도 하면서 가는 것이다.

이 책의 가장 큰 약속은 이것이다. 30일 후 당신은 "나도 쓸 수 있구나"라는 자신감을 갖게 될 것이다. 그리고 그 자신감은 다음 30일, 그다음 30일로 이어질 것이다. 글쓰기가 특별한 재능이 아니라 연습하면 누구나 할 수 있는 기술임을 몸으로 증명하게 될 것이다.

시작이 반이다. 이 책을 펼친 것만으로도 당신은 이미 시작한 것이다. 이제 다음 장으로 넘어가 왜 자전적 에세이가 최적의 장르인지 알아보자. 그리고 곧 당신은 첫 문장을 쓰게 될 것이다. AI와 함께, 하지만 당신의 목소리로.

CHAPTER 2

왜 자전적 에세이인가

AI 시대에 가장 적합한 글쓰기 장르는 무엇일까? 역설적이게도 AI가 절대 모방할 수 없는 것, 바로 당신의 개인 경험을 담는 자전적 에세이다. 이 장에서는 자전적 에세이가 왜 최적의 선택인지, 그 본질은 무엇이며, 전 세계적 에세이 르네상스에서 무엇을 배울 수 있는지 살펴본다.

2.1 AI 시대 최적의 장르

AI가 시를 쓰고, 소설을 쓰고, 심지어 논문까지 쓰는 시대가 왔다. 그런데 역설적이게도, AI가 절대 쓸 수 없는 것이 하나 있다. 바로 당신의 경험이다. 당신이 어제 출근길 지하철에서 목격한 젊은 아버지의 피곤한 얼굴, 그것을 보며 느낀 연민과 자기 연민의 복잡한 감정, 그리고 20년 전 당신 아버지의 모습이 겹쳐 보이던 그 순간. 이것은 세상 어디에도 없는, 오직 당신만이 가진 이야기다.

AI에게 "감동적인 아버지 이야기를 써줘"라고 하면 분명 그럴듯한 이야기를 만들어낸다. 새벽에 일어나 일하러 가는 아버지, 자녀를 위해 희생하는 아버지, 말은 없지만 사랑이 깊은 아버지. 하지만 이것은 수천 개의 텍스트에서 추출한 평균값일 뿐이다. 당신 아버지만의 독특한 습관—신문을 읽을 때 안경을 벗고 눈을 찌푸리는 것, 화가 나면 혼자 산책을 나가는 것, 좋아하는 축구팀이 지면 하루 종일 말이 없어지는 것—이런 살아있는 디테일은 AI가 만들 수 없다.

소설과 시의 경우 – 자전적 에세이가 AI 시대 최적의 장르인 이유가 여기 있다. 소설을 쓰려면 플롯을 짜야 하고, 인물을 창조해야 하며, 갈등을 설계해야 한다. AI가 이 모든 것을 도와줄 수 있고, 때로는 인간보다 더 정교한 구조를 만들어내기도 한다. 시는 어떨까? AI는 이미 형식적으로 완벽한 소네트를 쓰고, 시조를 만들며, 실험적인 현대시까지 창작한다.

자전적 에세이는 다르다 – 하지만 자전적 에세이는 다르다. 재료가 당신의 경험이기 때문이다. AI는 당신이 초등학교 3학년 때 전학 첫날 느꼈던 그 막막함을 모른다. 낯선 교실, 낯선 얼굴들, 그리고 "자기소개를 해보세요"라는 선생님의 말에 목이 메었던 그 순간. 이것은 데이터베이스에 없다. 오직 당신의 기억 속에만 있다.

진입장벽도 가장 낮다. 소설을 쓰려면 최소한 수만 자는 써야 한다. 등장인물도 여럿 만들어야 하고, 이야기의 개연성도 만들어야 한다. 독자는 "이런 일이 정말 일어날 수 있을까?"를 끊임없이 의심한다. 시는 더 어렵다.

언어를 극한까지 압축하고, 이미지를 창조하며, 리듬을 만들어야 한다. 현대 시단의 흐름도 어느 정도는 알아야 한다.

반면 자전적 에세이는 어떨까? "이것은 내가 겪은 일이다"라고 시작하면 된다. 독자는 의심하지 않는다. 실제 경험이니까. 문학적 장치가 부족해도 괜찮다. 진정성이 기교를 압도하니까. 2-3페이지만 써도 하나의 완성된 작품이 된다. 당신이 해야 할 일은 그저 기억을 소환하고, 그때의 감정을 되살리고, 솔직하게 쓰는 것뿐이다.

즉각적인 공감대 – 독자와의 즉각적인 공감대 형성도 자전적 에세이만의 강점이다. 소설을 읽을 때 독자는 "재미있네, 하지만 이건 픽션이야"라고 거리를 둔다. 하지만 에세이를 읽을 때는 "나도 그런 적 있어" "정말 공감돼" "내 이야기 같아"라고 반응한다. 작가와 독자 사이의 벽이 없다. 같은 인간으로서, 비슷한 경험을 가진 동료로서 만나는 것이다.

무엇보다 중요한 것은, 당신이라는 존재가 데이터베이스에 없다는 사실이다. AI는 수억 개의 텍스트를 학습했지만, 당신의 일기장은 읽지 못했다. 당신의 가족사는 모르고, 당신의 상처는 모르며, 당신의 기쁨도 모른다. AI가 아무리 발전해도 당신을 대체할 수 없는 이유다. 당신의 이야기는 오직 당신만이 쓸 수 있다.

2.2 자전적 에세이의 본질

자전적 에세이의 마법은 개인사를 보편성과 연결하는 데 있다. 당신이 겪은 지극히 개인적인 경험이 어떻게 모든 사람의 이야기가 될 수 있을까?

비밀은 간단하다. 인간의 근본적인 감정과 경험은 시대와 장소를 초월해 비슷하기 때문이다.

첫사랑의 설렘, 이별의 아픔, 부모님에 대한 양가감정, 성장의 통증, 상실의 슬픔, 작은 성취의 기쁨. 이런 감정들은 누구나 경험한다. 당신이 1990년대 서울에서 느꼈던 첫사랑의 설렘이나, 2020년대 뉴욕에서 누군가가 느끼는 설렘이나, 본질은 같다. 디테일은 다르지만—삐삐냐 스마트폰이냐의 차이—감정의 결은 같다.

구체성의 역설 - 그래서 개인적일수록 보편적이 된다. 추상적으로 "사랑은 아름답다"고 쓰면 아무도 공감하지 못한다. 하지만 "그녀가 처음으로 내 이름을 불렀을 때, 심장이 멈추는 줄 알았다"고 쓰면 모두가 고개를 끄덕인다. 구체적인 순간, 구체적인 감각, 구체적인 반응. 이것이 역설적으로 가장 보편적인 공감을 이끌어낸다.

진정성이 곧 경쟁력인 시대다. 독자들은 이제 기교에 속지 않는다. 화려한 문장, 현란한 기법도 진짜 이야기 앞에서는 무력하다. SNS 시대를 거치며 사람들은 '가공되지 않은 날것'의 가치를 알게 되었다. 필터 없는 사진이 더 매력적이듯, 꾸미지 않은 진솔한 이야기가 더 큰 울림을 준다.

평범함의 재발견 - 평범함의 가치를 재발견하는 것도 자전적 에세이의 본질이다. 많은 사람이 "내 인생은 특별할 게 없는데"라고 말한다. 정말 그럴까? 당신이 매일 출근하는 그 길, 10년째 같은 길을 걸으며 느끼는 미묘한 변화들. 봄이면 피는 벚꽃, 여름의 녹음, 가을의 낙엽, 겨울의 찬바람.

그리고 그 속에서 조금씩 나이 들어가는 당신. 이것이 특별하지 않다면 무엇이 특별하겠는가?

특별해지려고 애쓸 필요가 없다. 산에 올라 깨달음을 얻을 필요도, 세계일주를 할 필요도 없다. 당신의 일상이 이미 충분한 드라마다. 월급날의 뿌듯함과 허탈함, 명절 가족 모임의 따뜻함과 피곤함, 친구와의 술자리에서 느끼는 우정과 외로움. 이 모순된 감정들, 복잡한 심리들이 바로 진짜 인생이다.

경험 그 자체의 힘 – 경험 그 자체가 콘텐츠라는 인식의 전환이 필요하다. 경험을 가공하고, 의미를 부여하고, 교훈을 도출해야 한다는 강박을 버려라. 때로는 경험을 있는 그대로 보여주는 것만으로도 충분하다. 독자는 작가의 해석이 아니라 경험 자체에 공감한다. 그리고 각자의 방식으로 의미를 찾아간다. 자전적 에세이는 자기 치유의 과정이기도 하다. 쓰는 과정에서 과거를 객관화하고, 상처를 들여다보고, 화해하게 된다. 오해하지 마라. 모든 상처가 치유되는 것은 아니다. 하지만 최소한 상처를 언어로 표현하는 순간, 그것은 더 이상 당신을 완전히 지배하지 못한다. 글로 쓴다는 것은 거리를 둔다는 것이고, 거리를 두면 비로소 보이는 것들이 있다.

2.3 K-에세이 붐에서 배우는 것

한국 에세이의 폭발적 성장은 단순한 유행이 아니다. 전 세계적 현상의 일부다. 미국의 퍼스널 에세이 붐, 일본의 수필 문화, 유럽의 자서전적 글쓰기 전통. 모두가 '개인의 이야기'에 주목하고 있다.

기술이 발달할수록 사람들은 더 인간적인 것을 찾는다. 스마트폰 화면에 하루 종일 얼굴을 묻고 사는 우리는, 역설적으로 손으로 만질 수 있는 따뜻함을 그리워한다. 인공지능이 뭐든 답해 주는 시대, 우리가 진짜 듣고 싶은 건 옆 사람의 서툰 위로다.

거대 서사의 종말 – 20세기가 이념의 시대, 집단의 시대였다면, 21세기는 개인의 시대다. 사람들은 더 이상 거창한 구호나 추상적 이상에 감동하지 않는다. 대신 옆집 사람의 소소한 일상, 평범한 직장인의 고민, 엄마의 육아 일기에 공감한다. 위대한 영웅의 서사시보다 옆자리 동료의 퇴사 일기가 더 큰 울림을 준다. 거대 서사의 시대가 끝나고 미시 서사의 시대가 온 것이다.

불완전함의 가치 – K-에세이가 가르쳐주는 첫 번째 교훈은 망가져도 괜찮다는 용기다. 요즘 잘 나가는 에세이들을 보면 하나같이 불완전함을 드러낸다. 우울증, 번아웃, 퇴사, 실패. 예전 같으면 숨기고 싶은 이야기들이 책이 되어 나온다. 독자들은 완벽한 성공담에 지쳤다. "나만 이런 게 아니구나"라는 안도감, "너도 힘들었구나"라는 동질감. 이것이 진짜 위로다.

두 번째 교훈은 짧아도 깊을 수 있다는 가능성이다. 요즘 에세이는 대부분 200페이지 안팎이다. 출퇴근길에, 점심시간에, 잠들기 전에 가볍게 읽을 수 있는 분량. 하지만 가볍다고 얕은 건 아니다. 한 가지 감정, 한 가지 경험을 깊이 파고든다. 양보다 밀도, 길이보다 온도가 중요한 시대다.

세 번째 교훈은 평범함이 곧 특별함이라는 역설이다. K-에세이 작가들의 배경을 보면 전업 작가는 드물다. 간호사가 쓴 병원 일기, 회사원이 쓴 퇴사 고민, 주부가 쓴 육아 분투기. 특별한 재능이나 화려한 경력이 없어도 된다. 오히려 없기 때문에 좋다. 독자와 같은 눈높이, 같은 온도, 같은 일상. 이것이 진정한 공감의 조건이다.

디지털 시대의 인간적 연결 - 우리는 하루에 몇 번이나 진짜 대화를 나누는가? 카톡은 많이 하지만 마음을 나누는 대화는 드물다. SNS에는 예쁜 사진만 올리지만 속마음은 감춘다. 이런 시대에 에세이는 누군가의 진짜 속마음을 들여다보는 창이다.

사람들이 에세이에 열광하는 이유가 여기 있다. 기계가 아무리 똑똑해져도 줄 수 없는 것. 바로 '나도 그래, 너만 그런 게 아니야'라는 인간적 연결감이다. 완벽한 해답보다 불완전한 공감이 더 큰 위로가 되는 시대. 이것이 21세기의 정서적 풍경이다.

새로운 출판 생태계 - 작가가 되는 길이 달라졌다. 문학상을 받지 않아도, 등단하지 않아도 된다. 블로그에 쓴 일기가 출판사 눈에 띄고, SNS 연재글이 책이 된다. 독자가 직접 작가를 발견하고 키운다. 조회수와 댓글이 새로운 평가 기준이 되었다.

이것은 문학의 대중화다. 문턱이 낮아지면서 더 많은 목소리가 들린다. 더 다양한 이야기가 나온다. 엘리트 문학에서 모두의 문학으로. 출판계의 조용한 혁명이 일어나고 있다.

지역적이면서 세계적인 – 에세이가 해외에서 번역 출간되는 사례가 늘고 있다. 일본, 대만, 태국으로 퍼져나간다. 한국의 고민이 특별해서가 아니다. 오히려 보편적이어서다.

치열한 경쟁, 세대 갈등, 일과 삶의 균형. 이것은 한국만의 문제가 아니다. 전 세계 청년들의 공통 고민이다. 다만 한국이 조금 더 앞서 경험하고, 조금 더 솔직하게 표현할 뿐이다. 당신의 이야기도 그렇다. 지극히 개인적이면서 동시에 보편적이다. 동네 이야기가 세계 이야기가 될 수 있다.

AI 시대의 인간 이야기

기계가 글을 쓸 수 있는 시대, 인간의 이야기는 더욱 귀해진다. AI는 정보를 정리하고 문장을 다듬을 수 있다. 하지만 당신이 어제 느낀 서러움, 오늘 아침 마신 커피의 쓴맛, 퇴근길 노을을 보며 든 생각. 이런 것들은 오직 당신만이 쓸 수 있다.

지금이 기회다. AI가 기술적 장벽을 낮춰준다. 문법, 맞춤법, 문장 구조 같은 것들은 AI가 도와준다. 당신은 오직 진심을 담는 일에만 집중하면 된다. 도구는 AI가, 영혼은 당신이. 이것이 새로운 글쓰기의 공식이다.

에세이 르네상스는 이제 시작이다. AI가 많은 것을 대체하겠지만, 개인의 경험만은 대체할 수 없다. 오히려 AI 덕분에 글쓰기 기술의 진입장벽이 낮아져, 더 많은 사람이 자신의 이야기를 쓸 수 있게 될 것이다. 당신도 그 흐름의 일부가 될 수 있다. 아니, 이미 되었다. 이 책을 읽고 있다는 것 자체가 시작이다.

다음 장에서는 AI와 어떻게 파트너십을 구축할지 구체적으로 알아보겠
다. AI를 도구가 아닌 파트너로, 조수가 아닌 동료로 만드는 법. 그리고
70/30 규칙을 지키며 당신의 목소리를 잃지 않는 법. 준비되었는가? 이
제 본격적인 실전이 시작된다.

CHAPTER 3

AI 파트너십 구축하기

AI와 함께 글을 쓴다는 것은 단순히 도구를 사용하는 것이 아니다. 편집자, 멘토, 동료와 같은 파트너십을 구축하는 것이다. 이 장에서는 AI를 진정한 글쓰기 파트너로 만드는 법, 건강한 협업을 위한 윤리적 원칙, 효과적인 대화 기술, 그리고 70/30 규칙을 실천하는 구체적 방법을 다룬다.

3.1 AI 글쓰기 파트너 이해하기

소크라테스의 산파술 – 기원전 399년, 소크라테스는 아테네 시장에서 사람들을 붙잡고 질문했다. "정의란 무엇인가?" "용기란 무엇인가?" 그는 답을 주지 않았다. 질문만 했다. 그러자 상대는 스스로 답을 찾아냈다. 플라톤의 대화편 『메논』에서 소크라테스는 교육받지 못한 노예 소년과 대화하며, 질문만으로 소년이 스스로 기하학 원리를 깨닫게 한다. 소크라테스는 이것을 "산파술"이라 불렀다. 산파가 아기를 끄집어내듯, 선생은 학생 안의 지혜를 끄집어낸다.

2025년, AI는 그 대화법을 물려받은 도구에 가깝다. 차이가 있다면 규모다. 소크라테스는 한 번에 한 명과 대화했지만, AI는 1000명 작가의 노하우를 동시에 학습했다. 헤밍웨이부터 프루스트까지, 조앤 디디온부터 한강까지. AI는 문장의 구성과 이야기 흐름, 비유의 방식을 분석하고 패턴을 인식한다.

AI가 잘하는 것 – AI가 잘하는 것부터 명확히 알아보자.

① **패턴 인식:** AI는 수억 개의 텍스트에서 패턴을 학습했다. 어떤 상황에서 어떤 감정이 나타나는지, 어떤 구조가 독자에게 효과적인지, 어떤 문체가 특정 장르에 적합한지 안다. "이별 장면을 쓰고 싶은데"라고 하면 톨스토이부터 무라카미까지, 다양한 작가들이 이별을 표현한 방식을 즉시 제시할 수 있다.

② **즉각적인 피드백:** 인간 편집자라면 원고를 읽고 의견을 주기까지 며칠이 걸린다. 하지만 AI는 1초 만에 반응한다. "이 문단이 너무 긴 것 같아"라고 하면 바로 세 개로 나누어 보여준다. "더 감정적으로 쓰고 싶어"라고 하면 즉시 감각적 디테일을 추가한 버전을 제시한다. 이 즉각성은 창작의 흐름을 끊지 않고 계속 글을 쓸 수 있게 해준다.

③ **무한한 인내심:** 같은 질문을 열 번 해도, 스무 번 고쳐달라고 해도 AI는 짜증 내지 않는다. 새벽 3시에 갑자기 떠오른 아이디어를 물어봐도, 휴일에 글쓰기 고민을 털어놔도 언제나 같은 성실함으로 응답한다. 인간 멘토라면 "그건 이미 설명했잖아"라고 할 법한 상황에서도 AI는 처음 듣는 것처럼 친절하게 대답한다.

④ **24시간 대기 상태**: 영감은 예고 없이 찾아온다. 출퇴근 지하철에서, 샤워하다가, 잠들기 직전에. 그 순간 AI는 항상 거기 있다. "방금 떠오른 생각인데"로 시작하는 당신의 아이디어를 언제든 받아줄 준비가 되어 있다.

AI가 못하는 것 – 하지만 AI가 못하는 것도 분명히 있다.

① **실제 경험**: AI는 비 맞은 적이 없다. 첫사랑의 설렘도, 이별의 아픔도, 월급날의 뿌듯함도 모른다. 데이터로 학습했을 뿐, 실제로 느껴본 적이 없다. 그래서 "빗속을 걸을 때 느낌이 어때?"라고 물으면 일반적인 묘사는 하지만, 빗물이 목덜미로 흘러내릴 때의 그 차가운 전율은 모른다.

② **진짜 감정**: AI가 "감동적이네요"라고 말해도 실제로 감동한 것은 아니다. 당신의 상처에 진심으로 공감하지도, 당신의 기쁨을 함께 느끼지도 못한다. 그저 상황에 적절한 반응을 계산해서 보여줄 뿐이다.

③ **윤리적 판단**: AI는 무엇이 옳고 그른지 스스로 판단하지 못한다. 프로그래밍된 규칙을 따를 뿐이다. 당신의 경험을 글로 쓸 때, 누군가에게 상처가 될 수 있는지, 사생활 침해는 없는지, 이런 미묘한 윤리적 판단은 오직 인간만이 할 수 있다.

④ **진정한 창의적 도약**: AI는 학습한 패턴을 재조합할 뿐, 완전히 새로운 것을 창조하지 못한다. 카프카가 『변신』에서 인간을 벌레로 만든 것 같은 충격적 발상, 마르케스가 『백년의 고독』에서 보여준 환상적 리얼리즘, 이런 혁명적 도약은 AI가 할 수 없다.

 AI와 함께 쓰는 자전적 에세이: 실전 가이드

인간 작가만의 영역 – 그렇다면 인간 작가만의 영역은 무엇인가?

① **선택:** AI가 열 가지 옵션을 제시해도, 선택은 당신이 한다. 어떤 단어가 당신의 감정을 정확히 표현하는지, 어떤 구조가 당신의 이야기에 맞는지, 이 판단은 오직 당신만이 할 수 있다.

② **최종 결정:** AI의 제안을 받아들일지 거부할지, 수정할지 그대로 쓸지, 이 모든 결정권은 당신에게 있다. AI는 조언자일 뿐, 결정자가 아니다.

③ **감정의 진정성:** "슬펐다"는 단어 뒤에 있는 실제 슬픔, "기뻤다"는 표현 속의 진짜 기쁨. 이것은 오직 경험한 사람만이 담을 수 있다. 독자는 본능적으로 안다. 진짜 감정과 가짜 감정을.

④ **의미 부여:** 같은 경험도 사람마다 다른 의미를 갖는다. 실직이 누군가에게는 절망이지만, 다른 누군가에게는 새로운 시작이다. 이런 개인적 의미, 주관적 해석은 AI가 대신할 수 없다.

산파술 3단계 대화법 – 누구나 자기 안에 이야기를 갖고 있다. 30년, 40년, 50년을 살았다면 수많은 일을 겪었다. 다만, 대부분은 의식 위로 떠오르지 않는다. AI 산파술의 3단계를 실행하라.

• **1단계: 넓은 질문으로 시작**

나: "할머니에 대한 에세이를 쓰고 싶어요."

AI: "할머니를 떠올리면 가장 먼저 떠오르는 장면이 있나요? 구체적으로 어떤 장소, 어떤 순간인가요?"

나: "할머니 집 마당. 여름. 봉선화 필 때."

AI: "봉선화를 보고 있을 때 할머니는 무엇을 하고 계셨나요? 몇 살이었나요?"

- **2단계: 감각으로 깊어지기**

  나: "열 살. 할머니는 마루에 앉아 콩을 까고 계셨어요."

  AI: "그 장면을 더 자세히 떠올려볼까요? 들렸던 소리가 있나요?"

  나: "콩 까는 소리. 똑, 똑. 매미 소리."

  AI: "냄새는요? 그날 어떤 냄새가 났나요?"

  나: "봉선화 향... 아니 된장찌개 끓는 냄새."

- **3단계: 의미 발견하기**

  AI: "그 순간 무엇을 느꼈나요?"

  나: "...영원할 거라고 믿었어요. 이 여름이, 할머니가."

  AI: "지금 이 순간, 그 기억을 떠올리면 어떤 느낌이 드나요?"

  나: "아프죠. 할머니는 10년 전에 돌아가셨어요."

보이는가? AI는 답을 주지 않았다. 질문만 했다. 하지만 스스로 발견했다. 봉선화와 콩 까는 소리, 영원에 대한 믿음과 상실, 시간의 유한함. 이것이 에세이의 뼈대다.

파트너십의 본질은 여기에 있다. AI는 조수가 아닌 동료다. 상하 관계가 아닌 수평 관계다. AI에게 명령하지 말고 대화하라. "이렇게 써"가 아니라 "이렇게 쓰면 어떨까?"로 물어라. AI의 제안을 맹목적으로 따르지도, 무조건 거부하지도 마라. 비판적으로 검토하고, 창의적으로 변형하며, 주체적으로 활용하라.

3.2 효과적인 협업 설정

AI에게 나를 소개하는 법 – AI와 첫 대화를 시작할 때 가장 중요한 것은 맥락 설정이다. AI는 당신을 모른다. AI에게 맥락을 주면 답변이 더 정확해진다.

나쁜 예: "할머니에 대한 에세이를 쓰고 싶어요."

AI의 답변: "좋습니다. 할머니의 따뜻한 성격과 음식 솜씨에 대해 써보세요."

→ AI는 사용자에 대해 아는 것이 없기 때문에 원론적인 답변을 준다.

좋은 예: "안녕하세요. 저는 42세 직장인 여성이고, 서울에 살며, 10년 전 외할머니를 여의었습니다. 글을 써본 적은 없지만 할머니에 대한 에세이를 쓰고 싶어요. 30일 안에 12편을 완성하는 것이 목표입니다. 제 글쓰기 멘토가 되어주세요."

AI의 답변: "42세 시점에서 10년 전 할머니를 회상한다는 것은 30대 초반에 상실을 경험했다는 의미네요. 그 나이는 보통 커리어와 가정을 동시에 구리는 시기인데, 할머니 상실이 정체성 형성에 어떤 영향을 미쳤나요?"

→ AI가 맥락을 이해하고 구체적 질문을 한다.

효과적인 자기소개 템플릿: 안녕하세요. 저는 [나이]세 [직업/상황]이고, [거주지]에 삽니다. 글쓰기 경험은 [있다/없다/약간 있다]. 이번 프로젝트는 [주제]에 대한 자전적 에세이 12편을 30일 안에 완성하는 것입니다. 제 글쓰기 스타일은 [예: 감정적이고 솔직한 편 / 절제되고 담담한 편]. 힘든 점은 [예: 구체적으로 쓰는 것 / 구조 잡는 것 / 시작하는 것]. 당신이 제 글쓰기 멘토가 되어 주세요.

작업 스타일 맞춤 설정 - 사람마다 작업 스타일이 다르다. 작업 스타일도 미리 알려주는 게 좋다. 예를 들어:

제 작업 스타일: • 시간: 평일 아침 6-7시, 주말 오후

 • 속도: 느림. 한 편에 3일 정도 걸림

 • 강점: 감정 표현

 • 약점: 구조 설계

 • 피드백: 구체적이고 직설적으로

 • 목표: 문학성과 가독성 균형

부탁: • 구조 관련 조언을 많이 해주세요

 • "독자는 이해 못 해요" 같은 부정적 말은 피해주세요

 • 대신 "이렇게 하면 더 명확해집니다"

식으로 이런 맥락 설정은 한 번만 하면 된다. AI는 대화의 맥락을 기억하며, 점점 당신에게 맞춤화된 답변을 제공한다.

3.3 AI 윤리와 건강한 협업

AI와 글쓰기를 시작하기 전에 반드시 짚고 넘어가야 할 윤리적 문제들이 있다. 이것은 단순한 규칙이 아니라 창작자로서의 정체성과 관련된 근본적인 문제다.

표절과 창작의 경계 - 먼저 표절과 창작의 경계선을 명확히 하자. AI가 생성한 문장을 그대로 복사해서 붙여넣으면 그것은 당신의 글인가, AI의 글인가? 법적으로는 아직 명확한 답이 없다. 하지만 창작 윤리의 관점에

서는 분명하다. 당신의 경험, 당신의 감정, 당신의 선택이 들어가지 않은
글은 당신의 글이 아니다.

70/30 규칙을 다시 상기하자. AI가 제시한 문장도 반드시 당신의 목소리
로 다시 써야 한다. "AI가 이렇게 썼으니까"가 아니라 "이 표현이 내 감정
을 정확히 담고 있으니까"라는 이유로 선택해야 한다. AI의 문장을 그대
로 쓰더라도, 그것을 선택한 이유와 책임은 당신에게 있다.

AI 생성 콘텐츠의 저작권 문제도 복잡하다. 현재 대부분의 AI 서비스는
생성된 콘텐츠의 저작권을 사용자에게 부여한다. 하지만 이것은 서비스
약관에 따라 다를 수 있으니 반드시 확인해야 한다. 더 중요한 것은 도덕
적 책임이다. AI가 다른 작가의 문체나 아이디어를 모방했다면, 그 책임은
결국 사용자에게 돌아온다.

투명성과 과의존 경계 – 투명성 원칙을 지켜야 한다. 독자에게 AI를 활용
했음을 숨기지 마라. 서문이나 후기에 "이 책은 AI와의 협업으로 쓰여졌
다"고 명시하는 것이 정직한 태도다. 이것은 가치를 떨어뜨리는 것이 아
니라 오히려 새로운 창작 방식의 선구자임을 보여주는 것이다.

과의존을 경계해야 한다. AI 의존이 심해지면 나타나는 신호들이 있다:

① AI 없이는 한 문장도 쓸 수 없게 된다.

② 자신의 문체가 사라지고 AI의 일반적 문체만 남는다.

③ AI가 제시한 것 중에서만 선택하게 된다.

④ 스스로 생각하기를 멈춘다.

과의존 방지 체크리스트:

• 주 1회는 AI 없이 글쓰기

• 첫 초안은 항상 혼자 쓰기

• AI 제안을 받기 전에 먼저 자신의 생각 정리하기

• AI가 제시하지 않은 새로운 표현 시도하기

개인정보와 팩트 체크 - 개인정보 보호도 중요하다. AI에게 실명, 주소, 전화번호 같은 개인정보를 입력하지 마라. "우리 아버지 김철수 씨는"이 아니라 "우리 아버지는"이라고 쓰라. 다른 사람의 사생활도 마찬가지다. 특히 부정적인 내용을 쓸 때는 더욱 조심해야 한다. AI에 입력한 정보는 어딘가에 저장될 수 있다는 것을 항상 기억하라.

팩트 체크의 책임은 전적으로 인간에게 있다. AI는 그럴듯한 거짓말을 할 수 있다. 역사적 사실, 과학적 정보, 인용구 등은 반드시 다른 출처로 확인해야 한다. "AI가 그렇게 말했으니까 맞겠지"라는 안일한 태도는 위험하다. 특히 자전적 에세이에서 시대적 배경이나 사회적 맥락을 언급할 때는 더욱 신중해야 한다.

건강한 협업의 핵심은 주체성을 잃지 않는 것이다. AI는 도와주는 존재일 뿐, 대신 써주는 존재가 아니다. 모든 문장, 모든 단어, 모든 쉼표에 당신의 의도와 선택이 담겨 있어야 한다. 그래야만 그것은 진정한 당신의 글이 된다.

 | AI와 함께 쓰는 자전적 에세이: 실전 가이드

3.4 효과적인 프롬프트 작성법

AI와의 대화는 기술이다. 좋은 질문이 좋은 답변을 이끌어낸다. 막연하게 "글 써줘"라고 하면 막연한 글이 나온다. 구체적으로 "20대 후반 직장인이 월요일 아침에 느끼는 무력감을 1인칭 시점으로 써줘"라고 하면 구체적인 글이 나온다.

효과적인 질문 5원칙

① 구체적 요청: 막연한 질문은 막연한 답을 낳는다. AI는 당신의 머릿속을 읽지 못한다. "고쳐주세요"라고 하면 AI는 어떤 방향으로 고쳐야 할지 모른다. 무엇을 어떻게 고치고 싶은지 명확히 말하라.

• **나쁜 예:** "고쳐주세요."

• **좋은 예:** "첫 문장을 더 극적으로 만들어주세요. 독자를 즉시 끌어당기는 문장으로."

구체적일수록 AI의 답변도 정교해진다.

② 맥락 제공: AI는 당신이 쓰려는 이야기의 배경을 모른다. 인물, 상황, 감정의 맥락을 함께 제공하라. 맥락이 풍부할수록 AI의 제안이 당신의 의도에 가까워진다.

• **나쁜 예:** "이별 장면 써줘."

• **좋은 예:** "3년 사귄 연인과 가치관 차이로 헤어지는 장면. 남자 주인공 시점. 담담하지만 슬픔이 배어 있는 톤."

맥락이 있으면 AI는 단순한 이별이 아니라 '그 이별'을 쓸 수 있다.

③ 원하는 스타일 명시: "감동적으로", "재미있게"는 추상적이다. 스타일을 구체적으로 설명하라. 참조할 만한 작가나 작품을 언급해도 좋다.

- **나쁜 예:** "감동적으로."
- **좋은 예:** "헤밍웨이의 빙산 이론처럼 절제된 문체로. 감정을 직접 말하지 말고 행동과 디테일로 보여주기."

스타일을 명시하면 AI는 그 방향으로 글을 다듬는다.

④ 예시 활용: 원하는 것을 예시로 보여주는 것이 가장 명확하다. "이렇게 바꿔줘"보다 "이런 식으로 바꿔줘"가 훨씬 효과적이다.

- **나쁜 예:** "문장을 바꿔줘."
- **좋은 예:** "'나는 슬펐다'를 구체적 디테일로 바꿔줘. 예를 들어 '목구멍이 조여왔다' 같은 감각적 묘사로."

예시는 AI에게 방향을 제시하는 나침반이다.

⑤ 반복과 개선: AI의 첫 번째 답변에 만족하지 마라. 첫 답변은 출발점일 뿐이다. 계속 대화하며 개선하라. "더 구체적으로", "다른 버전으로", "이 부분만 바꿔서" 등으로 여러 번 수정을 요청하라. 탁구를 치듯 공을 주고받을수록 결과물이 좋아진다.

메타 프롬프트 활용 - 메타 프롬프트란 "어떻게 질문할지를 묻는 질문"이다. 예를 들어:

나: "내 글의 문제를 개선하고 싶은데, 어떤 질문을 하면 좋을까?"

AI: "다음을 물어보세요. 1) 이 문단의 문장 길이가 적절한가? 2) 같은 작가가 쓴 것처럼 일관성이 있는가? 3) 독자가 숨 쉴 곳이 있는가?"

메타 프롬프트의 장점은 AI를 수동적 도구가 아닌 능동적 조언자로 만든다는 것이다. "어떻게 하면 좋을까?"가 아니라 "무엇을 물어야 할까?"를 묻는 것. 이것이 고수의 대화법이다.

실전 프롬프트 템플릿 – 아래는 복사해서 바로 쓸 수 있는 실전 템플릿이다. 대괄호 안을 당신의 내용으로 채우면 된다.

템플릿 1: 소크라테스식 기억 발굴

당신은 소크라테스입니다. 산파술로 제 기억을 끄집어내주세요.

주제: [예: 첫 직장 해고]

질문 방식: – 넓은 질문 → 구체적 장면

    – 감각 디테일 (보이는 것, 들리는 것, 냄새)

    – 감정의 층위 (표면 vs 심층)

    – 현재 의미 ("지금 돌아보면?")

한 번에 1–2개 질문만 해주세요. 제가 답하면 다음 질문으로 깊이 들어가주세요. 최소 5턴 대화.

시작 질문을 해주세요.

이 템플릿의 핵심은 AI가 한 번에 많은 질문을 던지지 않도록 통제하는 것이다. "한 번에 1-2개 질문만"이라는 지시가 중요하다. AI는 친절하려다 10개 질문을 던지는 경우가 많은데, 그러면 오히려 부담스럽다. 대화는 천천히, 한 걸음씩 깊어져야 한다.

템플릿 2: 효과적인 피드백 요청

아래 초고에 피드백 부탁합니다.

【맥락】

– 편명: [예: "할머니와의 마지막 여름"]

– 목표 독자: [예: 30–50대 여성]

– 의도: [예: 상실의 아픔과 치유]

– 현재 상태: 2차 퇴고본

【특정 질문】

1. 구조: 클라이맥스가 적절한 위치에 있나요?

2. 감정: 너무 과하거나 너무 건조하지 않나요?

3. 구체성: 추상적 표현이 있다면 지적해주세요.

4. 빙산: 설명이 과한 부분은?

【원하지 않는 것】

– 전체 재작성 제안 (부분 수정만)

– 문체 바꾸기 (내 목소리 유지)

【출력 형식】

– 질문에 대한 답

– 수정 제안 3–5개 (우선순위순)

– Before/After 예시

[여기에 초고 붙여넣기]

이 템플릿의 힘은 "원하지 않는 것"을 명시한다는 점이다. AI는 때때로 과도하게 친절해서 전체를 다시 쓰려 한다. 하지만 당신은 부분 수정만 원할 수 있다. 경계를 명확히 그어주면 AI는 그 범위 안에서 움직인다.

템플릿 3: 장면 확장 요청

아래 장면을 확장해주세요.

【현재 버전】[예: "아버지가 떠났다. 나는 빈 의자를 바라봤다."]

【확장 방향】

– 길이: [예: 현재의 3배, 약 500자]

– 초점: [예: 빈 의자의 디테일, 주변 사물들, 내 감각]

– 톤: [예: 담담하지만 슬픔이 배어나오게]

– 시간: [예: 실시간 진행, 느리게]

【피할 것】

– 직접적 감정 표현 ("슬펐다", "그리웠다" 금지)

– 과거 회상 (현재 순간에만 집중)

– 설명 (보여주기만)

【참고 스타일】[예: 베르나르 베르베르의 세밀한 관찰]

이 템플릿은 짧은 장면을 풍부하게 만들 때 유용하다. "확장해줘"만 말하면 AI는 방향을 잡지 못한다. 하지만 길이, 초점, 톤, 시간까지 명시하면 AI는 정확히 당신이 원하는 방향으로 확장한다.

템플릿 4: 문체 진단

아래 세 문단을 비교 분석해주세요.

【문단 1】[첫 번째 에세이 도입부]

【문단 2】[중간 에세이 도입부]

【문단 3】[마지막 에세이 도입부]

【분석 포인트】

1. 문장 길이: 평균 어절 수, 변화 추이

2. 어휘 선택: 한자어 비율, 반복 단어

3. 리듬: 문장 호흡, 쉼표 사용

4. 톤: 일관성 여부, 변화 양상

5. 화자의 거리: 독자와의 심리적 거리감

【질문】

– 세 문단이 같은 사람이 쓴 것처럼 느껴지나요?

– 가장 이질적인 부분은 어디인가요?

– 통일하려면 어떤 문단을 어떻게 조정해야 하나요?

이 템플릿은 여러 에세이의 문체 일관성을 점검할 때 쓴다. 12편을 쓰다 보면 문체가 자연스럽게 변한다. 초반과 후반의 문체가 다를 수 있다. AI에게 객관적으로 비교 분석하게 하면, 당신 혼자서는 못 보던 패턴이 보인다. 이런 구체적인 프롬프트를 사용하면 AI로부터 훨씬 유용한 답변을 얻을 수 있다. 그리고 가장 중요한 것. AI의 첫 번째 답변에 만족하지 마라.

계속 대화하고, 수정을 요청하고, 다른 버전을 요구하라. AI와의 대화는 탁구와 같다. 공을 주고받을수록 점점 나은 결과가 나온다.

3.5 70/30 규칙과 지속적 학습

70/30 규칙 실천은 생각보다 어렵다. AI의 유혹이 너무 달콤하기 때문이다. 막힐 때마다 AI에게 물어보고, 모든 문장을 AI에게 검토받고, 결국 AI의 문체로 글을 쓰게 되는 것. 이것이 많은 초보자가 빠지는 함정이다.

과의존의 신호 – 과의존의 신호를 알아차리는 것이 첫걸음이다.

① AI 문체 복사: 자신도 모르게 AI의 문장 패턴을 따라하게 된다. "~것이다" "~라고 할 수 있다" 같은 AI 특유의 마무리를 반복한다면 위험 신호다.

② 개성 상실: 모든 글이 비슷비슷해진다. 감정 표현도, 문장 구조도, 단어 선택도 평균적이 된다.

③ 결정 장애: AI 없이는 단어 하나도 선택하지 못한다. "이 단어가 맞을까?"를 스스로 판단하지 못하고 항상 AI에게 확인받으려 한다.

목소리 보존 전략 – 목소리를 보존하는 전략이 필요하다.

① 첫 초안은 반드시 혼자 쓰기: 아무리 엉성해도, 문법이 틀려도, 일단 자신의 목소리로 끝까지 쓴다. 그다음 AI와 함께 다듬는다.

② 자신만의 금기어 목록 만들기: AI가 자주 쓰지만 자신은 쓰지 않을 단어들을 정해 둔다.

③ 일주일에 하루는 AI 없는 날로 정하기: 그날은 오직 자신의 힘으로만 쓴다.

"모르면 AI에게 물어보라"는 말을 오해하지 마라. 이것은 포기하라는 말이 아니라 배우라는 말이다. 예를 들어 체호프의 문체가 궁금하다면, AI에게 체호프의 특징을 묻고, 예시를 요청하고, 자신의 글에 적용해본다. 이것은 의존이 아니라 학습이다. 이 책을 읽다가 생기는 궁금한 사항도 마찬가지다.

문학사 탐구하기 – 이 책에 없는 거장들을 탐구하는 방법도 있다. 한국 작가들—박완서, 김훈, 황석영, 김영하 그리고 한강. 일본 작가—무라카미 하루키. 중국 작가—루쉰. 이들의 문체와 기법을 AI와 함께 분석하고 자신의 글에 실험해본다.

구체적인 학습 대화를 보자.

나: "김훈 작가의 문체 특징을 알려줘."

AI: "김훈은 극도로 절제된 문체로 유명합니다. 짧고 단단한 문장, 불필요한 수식어 제거, 동사 중심의 서술, 감정을 직접 드러내지 않고 행위로 보여주는 특징이 있죠."

나: "내 문장을 김훈 스타일로 바꿔볼 수 있을까? '나는 너무나 슬펐고 외로웠으며 아무것도 하고 싶지 않았다.'"

AI: "'방에 들어왔다. 불을 끄지 않았다. 그대로 앉았다.' 이런 식으로 감정을 빼고 행위만 남기는 거죠."

나: "너무 극단적인 것 같은데, 중간 정도는?"

이런 실험을 통해 다양한 스타일을 체득한다. 하지만 목적은 모방이 아니라 자신만의 문체를 찾는 것이다. 여러 거장의 기법을 맛본 뒤, 자신에게 맞는 것만 취하는 것. 이것이 진정한 학습이다.

창작하며 배우는 실시간 학습도 중요하다. 글을 쓰다가 막히면 "이런 상황을 톨스토이는 어떻게 표현했을까?"라고 묻는다. 답을 듣고 바로 적용해본다. 마음에 들면 채택하고, 아니면 다른 작가를 물어본다. 이렇게 하면 글쓰기와 학습이 동시에 일어난다.

하지만 절대 잊지 말아야 할 것. 70%는 당신이다. AI가 제시한 모든 기법, 모든 스타일, 모든 지식은 30%의 영역이다. 나머지 70%는 오직 당신의 경험, 당신의 감정, 당신의 선택으로 채워져야 한다.

마지막으로 이 메시지를 기억하라. "AI에게 헤밍웨이를 물어보고, 프루스트를 질문하고, 무라카미를 요청하라. 2400년 문학사가 당신의 24시간 과외선생이 된다." 하지만 그들은 선생일 뿐이다. 주인공은 당신이다. 당신의 이야기를, 당신의 목소리로, 당신의 방식으로 쓰는 것.
그것이 이 책이 추구하는 3위일체 글쓰기의 정수다.

이제 PART 1을 마친다. 철학을 이해했고, 이유를 알았으며, 방법을 배웠다. 다음 PART 2에서는 실전이다. 당신의 12편을 찾고, 구성하고, 실제로 써보는 과정. 준비되었는가? 펜을 들고, 키보드에 손을 올리고, AI를 호출하라. 당신의 이야기가 시작된다.

02
당신의 12편 설계하기 📅

모든 사람의 삶에는 최소한 12편의 에세이가 숨어 있다. 30년을 살았든 60년을 살았든, 당신이 겪은 기쁨과 슬픔, 상실과 회복의 순간들은 그 자체로 완벽한 소재다. AI는 당신의 경험을 분석할 수 없고, 문학사는 당신의 감정을 대신 느낄 수 없다. 이 파트에서는 당신만의 12편을 발굴하고, 독자를 끝까지 이끌 수 있는 구조로 설계한다. 평범함을 과소평가하지 마라. 바로 그 평범함이 AI 시대의 희소한 원천이다.

라이프 매핑 캔버스

복잡한 삶
너무 많은 이야기로
압도됨
인생 지도
그리기
시간 순서로
삶 펼치기
장면 캡처
감정적 순간과
세부 사항 기록
장면 캡처
감정적 순간과
세부 사항 기록
간소화된 삶
8개의 핵심
전환점으로
요약됨

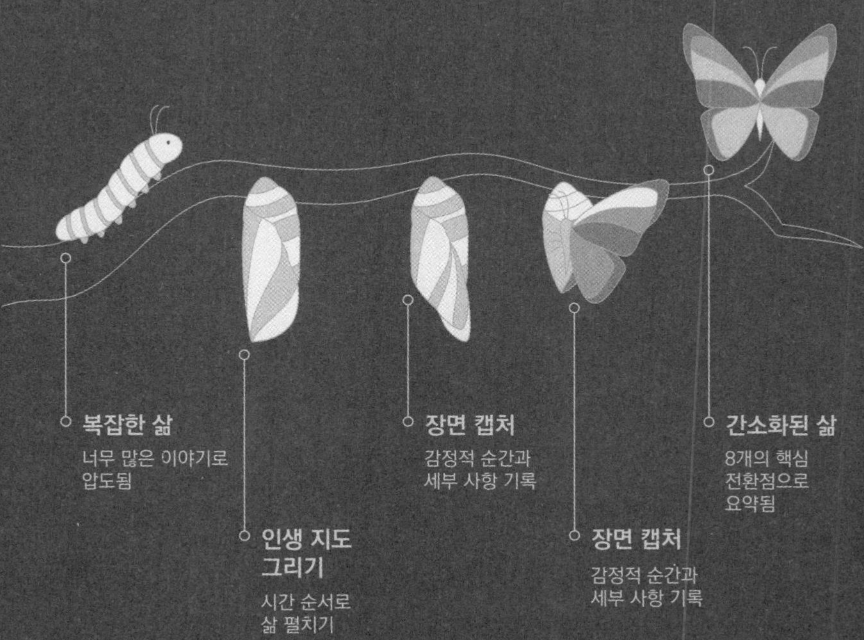

CHAPTER 4

당신의 12개 이야기 찾기

"쓸 게 없어요." 에세이 쓰기를 시작하려는 사람들이 가장 먼저 하는 말이다. 정확히는 "쓸 만한 게 없어요"다. 드라마틱한 사건, 극적인 반전, 남들이 놀랄 만한 경험이 없다고 생각한다. 하지만 에세이는 드라마가 아니다. 에세이는 당신의 삶에서 의미를 발견하는 작업이고, 의미는 항상 평범한 일상 속에 숨어 있다.

이 챕터의 목표는 단순하다. 당신의 인생에서 12개의 이야기를 찾아내는 것. 거창한 사건이 아니라, 당신에게 무언가를 남긴 순간들을 발굴한다. 복잡한 워크시트나 심리 분석은 필요 없다. A4 용지 한 장과 펜, 그리고 AI의 도움이면 충분하다.

4.1 라이프 매핑: 인생 시각화

기억은 시간 순서대로 정리되어 있지 않다. 뒤죽박죽 섞여 있고, 중요한 것과 사소한 것이 뒤엉켜 있다. 그래서 첫 번째 작업은 인생을 시각화하는 것이다. 복잡한 타임라인이나 마인드맵이 아니라, 누구나 5분 안에 할 수 있는 간단한 방법이다.

방법: A4 한 장 라이프라인

① A4 용지를 가로로 놓고, 왼쪽에서 오른쪽으로 가로선을 긋는다.

② 선을 따라 10년 단위로 구간을 나눈다: 10대-20대-30대-40대...

③ 각 시대별로 기억나는 순간을 5개씩 적는다: 문장이 아니라 단어나 짧은 구로 충분하다. 예를 들어 "첫 학교", "할머니 장례식", "첫 월급", "강아지 죽음"

④ 각 순간에 감정의 고점(↑)과 저점(↓)을 표시한다.

⑤ 인생의 전환점이라고 느껴지는 순간에 별표(★)를 찍는다. 이 과정에서 중요한 건 완벽함이 아니라 일단 시작하는 것이다. 떠오르는 대로 적되, 시간 순서가 틀려도 괜찮고, 중요도가 애매해도 괜찮다. 나중에 얼마든지 수정할 수 있다.

AI 활용: 기억의 방아쇠 당기기- 라이프라인을 그렸는데도 빈 칸이 많다면, AI에게 물어보라. AI는 당신의 기억을 대신 떠올려줄 수는 없지만, 기억의 방아쇠를 당기는 질문을 던질 수 있다.

나: "내 인생을 시대별로 정리하고 싶은데 어떻게 시작하면 좋을까?"

AI: "10년 단위로 나누고, 각 시대의 '처음'들을 떠올려보세요. 처음 학교에 간 날, 처음 직장에 출근한 날, 처음 이별한 날처럼요. '처음'은 기억에 강하게 남는 경향이 있습니다."

나: "더 구체적으로 물어볼 수 있는 질문들을 알려줘."

AI: "이런 질문들을 스스로에게 던져보세요. • 그 시기에 가장 자주 듣던 노래는? • 그 때 가장 친했던 친구는 누구였나? • 그 시절 나를 가장 화나게 했던 것은? • 그때 가장 갖고 싶었던 것은? • 그 시기의 나에게 한마디 한다면?"

이런 질문들은 단순해 보이지만 강력하다. 노래 하나를 떠올리면 그 시절의 장소, 사람, 감정이 줄줄이 따라온다. 친구 이름을 떠올리면 그 친구와 나눈 대화, 함께 겪은 사건들이 되살아난다.

40대 직장인 K씨의 라이프라인 – K씨는 처음에 "특별한 일이 없었다"고 말했다. 평범하게 학교 다니고, 평범하게 취직하고, 평범하게 결혼했다고. 하지만 라이프라인을 그리고 AI와 대화를 나누면서 다음과 같은 순간들을 발굴했다.

• 20대 초반: 첫 직장 면접에서 떨어진 날, 어머니가 해준 미역국
• 20대 후반: 첫 월급으로 아버지께 드린 구두, 아버지의 눈물
• 30대 초반: 아이를 낳고 처음으로 아버지를 이해한 순간
• 30대 후반: 부서 해체 통보를 받고 집에 들어가지 못하고 한강을 걸었던 밤
• 40대 초반: 딸이 "아빠는 왜 이렇게 바빠?"라고 물었을 때의 죄책감

각각의 순간은 드라마틱하지 않다. 하지만 K씨에게는 각각이 하나의 에세이가 될 수 있는 소재였다. 미역국 한 그릇에서 '실패와 위로'를, 구두 한 켤레에서 '세대 간의 사랑'을, 한강 산책에서 '중년의 불안'을 발견할 수 있었다.

4.2 기억의 발굴 기법

라이프라인이 완성되었다면, 이제 각 순간을 더 깊이 파고들 차례다. 문제는 기억이 희미하다는 것이다. "그때 뭔가 중요한 일이 있었는데…"라고 생각은 나는데 구체적인 장면이 떠오르지 않는다. 이럴 때 사용할 수 있는 네 가지 통로가 있다.

오감 트리거: 감각으로 기억 불러오기 – 기억은 논리가 아니라 감각에 저장된다. 냄새, 맛, 소리, 촉감은 강력한 기억의 열쇠다.

• 냄새: 그 시절 집에서 나던 냄새는? (된장찌개, 빨래 삶는 냄새, 담배 연기)

• 맛: 그때 자주 먹던 음식은? (엄마가 싸준 도시락, 학교 앞 분식집 떡볶이)

• 소리: 그때 듣던 소리는? (아침마다 들리던 새 소리, 옆집 아이의 피아노 소리)

• 촉감: 그때 만졌던 것은? (낡은 교과서의 질감, 할머니 손의 주름)

• 구체적 예시: 냄새에서 시작된 에세이

"된장찌개 냄새를 맡으면 할머니 집이 떠오른다. 마당에 핀 봉선화, 여름방학의 긴 오후, 할머니가 마루에 앉아 콩을 까시던 모습. 방학이 끝나고 집에 돌아갈 때 할머니는 항상 '내년에도 보자'고 하셨다. 그 말이 마지막이 될 줄은 몰랐다. 지금도 된장찌개를 끓이면 그 마지막 여름이 떠오른다."
된장찌개라는 냄새 하나에서 할머니, 마당, 봉선화, 이별이라는 연결고리가 자연스럽게 이어졌다. 이것이 바로 오감 트리거의 힘이다.

물건 단서: 사물이 간직한 이야기 - 오래된 물건은 기억의 저장소다. 서랍 속 낡은 사진, 책장에 꽂힌 오래된 일기장, 선물받았던 액세서리. 이런 물건들을 하나씩 꺼내 보라. 각각의 물건에는 이야기가 있다.

- 사진: 이 사진을 찍던 날 무슨 일이 있었나? 사진 속 사람들과 지금은 어떤 관계인가?
- 일기: 그때 나는 무엇을 고민했나? 지금의 나와 얼마나 달라졌나?
- 선물: 누가 줬나? 왜 아직도 간직하고 있나? 그 사람과는 지금 어떤 사이인가?

물건을 보면서 AI에게 물어보는 것도 좋은 방법이다.

나: "20년 전 친구가 준 목걸이를 아직도 가지고 있어. 이걸로 에세이를 쓸 수 있을까?"

AI: "충분합니다. 이런 질문들을 스스로에게 던져보세요. 그 친구와는 지금 어떤 사이인가요? 목걸이를 볼 때마다 어떤 감정이 드나요? 왜 버리지 못했나요? 그 목걸이가 상징하는 것은 무엇인가요?"

타인의 기억: 다른 시선으로 보기 - 당신의 기억은 주관적이다. 중요하다고 생각했던 순간을 다른 사람은 기억하지 못할 수도 있고, 반대로 당신이 잊었던 순간을 다른 사람은 생생하게 기억할 수도 있다. 가족이나 오랜 친구에게 물어보라.

- "엄마, 내가 어렸을 때 어떤 아이였어?"
- "나에 대해 기억나는 에피소드 있어?"
- "내가 많이 달라졌다고 생각해?"

타인의 기억은 당신이 미처 몰랐던 자신을 발견하게 해준다. 어머니가 "너는 항상 울면서도 혼자 해결하려고 했어"라고 말한다면, 그것이 바로 당신의 본질일 수 있다.

반복되는 꿈이나 생각 – 같은 꿈을 반복해서 꾸거나, 자꾸 떠오르는 생각이 있다면 그것도 좋은 소재다. 무의식은 우리가 해결하지 못한 문제, 받아들이지 못한 감정을 꿈이나 반복적인 생각으로 드러낸다.

• 자주 꾸는 꿈: 시험을 못 봐서 불안한 꿈, 길을 잃는 꿈, 누군가를 찾는 꿈

• 반복되는 생각: "그때 다르게 말했더라면", "왜 나는 항상 이럴까"

이런 반복은 우연이 아니다. 당신의 무의식이 말하려는 메시지가 있다. AI와 대화하면서 그 의미를 탐구해보라.

> 나: "나는 자주 길을 잃는 꿈을 꿔. 이게 무슨 의미일까?"
>
> AI: "길을 잃는 꿈은 보통 불안이나 방향 상실과 관련이 있습니다. 최근 인생에서 방향을 잃었다고 느낀 적이 있나요? 중요한 결정을 앞두고 있나요? 이 꿈이 반복되기 시작한 시기를 떠올려보세요."

AI 활용: 기억 발굴 대화 – 기억이 잘 안 날 때는 AI와 대화를 통해 점진적으로 기억을 복원할 수 있다.

> 나: "초등학교 때 일이 잘 기억 안 나."
>
> AI: "학교 건물의 모습을 떠올려보세요. 교실은 몇 층이었나요? 창밖으로 무엇이 보였나요?"
>
> 나: "3층이었고, 운동장이 보였어."

AI: "운동장에서 뭘 했나요? 친구들과 자주 한 놀이가 있나요?"

나: "피구를 했던 것 같아. 맨날 먼저 맞아서 나갔던 기억이…"

AI: "그때 어떤 기분이었나요? 친구들은 뭐라고 했나요?"

이렇게 하나씩 질문을 던지면 흐릿했던 기억이 점점 선명해진다. 피구 하나에서 시작해서 열등감, 우정, 성장의 이야기로 확장될 수 있다.

4.3 주제 찾기와 연결

이제 당신은 많은 기억들을 발굴했을 것이다. 라이프라인에는 수십 개의 순간들이 적혀 있고, 각각은 나름의 의미가 있다. 하지만 이 모든 걸 에세이로 쓸 수는 없다. 12개를 선택해야 하고, 그 12개가 하나의 흐름을 만들어야 한다. 이를 위해서는 패턴을 발견하고 주제를 연결하는 작업이 필요하다.

패턴 발견: 반복되는 것에 주목하라 – 당신의 인생에서 반복되는 것은 무엇인가? 같은 종류의 문제, 비슷한 감정, 반복되는 선택. 이 패턴이 곧 당신의 주제다.

• **반복되는 상황:**

• 매번 중요한 순간에 도망친다

• 항상 타인을 먼저 생각한다

• 늘 새로운 시작을 두려워한다

• **관통하는 정서:**

• 그리움 (고향, 사람, 과거)

- 도전 (두려움을 넘어서는 순간들)

- 화해 (타인과의, 자신과의)

- **숨은 의미:**

- 모든 실패는 배움이었다

- 상실을 통해 더 강해졌다

- 혼자만의 시간이 나를 만들었다

메타 주제: 개별 사건을 하나로 묶기 – 각각의 사건은 개별적으로 보면 연관성이 없어 보일 수 있다. 하지만 더 큰 주제, 즉 메타 주제로 묶으면 하나의 이야기가 된다.

- **예시 1: "끝과 시작"이라는 메타 주제**

- 개별 사건: 대학 졸업, 첫 직장 해고, 부모님과의 이별, 이사

- 메타 주제: "모든 끝은 새로운 시작이었다"

- 에세이 컬렉션 제목: "끝에서 시작하기"

- **예시 2: "관계의 재발견"이라는 메타 주제**

- 개별 사건: 친구와의 다툼, 부모님에 대한 오해, 연인과의 이별, 재회

- 메타 주제: "진짜 관계는 오해를 넘어선 후에 시작된다"

- 에세이 컬렉션 제목: "다시, 만나다"

- **예시 3: "불안과의 동행"이라는 메타 주제**

- 개별 사건: 시험 불안, 면접 공포, 육아 걱정, 노후 두려움

• 메타 주제: "불안을 없앨 수 없다면 함께 걸어가는 법을 배운다"

• 에세이 컬렉션 제목: "불안과 나"

메타 주제를 찾으면 개별 에세이들이 단순한 기억의 나열이 아니라 하나의 메시지를 전달하는 작품이 된다.

AI와 함께 패턴 찾기 – 스스로 패턴을 찾기 어렵다면 AI에게 도움을 요청하라.

> 나: "내가 발굴한 순간들이 너무 제각각이야. 연결점을 못 찾겠어."
>
> AI: "발굴한 순간들을 나열하세요. 각 순간을 한 문장으로 요약하면 더 좋습니다."
>
> 나: • 고등학교 졸업 후 재수를 결정한 날 • 첫 직장을 6개월 만에 그만둔 날 • 결혼을 앞두고 파혼한 날 • 안정적인 직장을 그만두고 창업을 시작한 날
>
> AI: "모든 순간에 '안정을 포기하고 불확실한 길을 선택'이라는 공통점이 보입니다. 당신의 인생에서 '선택'이라는 주제가 중요해 보입니다. 각 선택이 당신에게 무엇을 가르쳐줬는지, 그리고 그 선택을 후회하는지 아닌지를 탐구하면 좋은 에세이 컬렉션이 될 수 있습니다."

이렇게 AI는 당신이 보지 못한 패턴을 객관적으로 짚어줄 수 있다.

주제 연결의 예시: 50대 주부 L씨 – L씨는 자신의 인생이 "그냥 흘러갔다"고 표현했다. 결혼하고, 아이 키우고, 집안일 하고. 특별한 일도, 극적인 사건도 없었다고. 하지만 기억을 발굴하면서 다음과 같은 순간들을 찾았다.

• 신혼 때 시어머니와의 갈등

• 첫아이를 유치원에 보내던 날의 공허함

- 둘째가 사춘기를 겪으며 겪은 좌절
- 남편의 외도 의심과 그 후의 침묵
- 아이들이 독립한 후 처음 느낀 자유
- 40대 후반에 시작한 요가, 그리고 처음으로 '나'를 발견한 순간

각각은 개별적인 사건이지만, AI와 대화하면서 L씨는 하나의 패턴을 발견했다. "나는 항상 다른 사람을 위해 살았다. 며느리로서, 엄마로서, 아내로서. 그리고 50년 만에 처음으로 나 자신을 만났다."

메타 주제: "나를 찾아가는 50년" 에세이 컬렉션 제목: "늦은 시작"

L씨의 12편 에세이는 각각의 역할 속에서 잃어버린 자신을 찾아가는 과정을 그렸다. 드라마틱하지 않지만 누구나 공감할 수 있는 이야기였다.

4.4 독자를 위한 선별

발굴한 기억 중에서 12개를 선택할 때, 가장 중요한 기준은 "내가 쓰고 싶은가"가 아니라 "독자가 읽고 싶어 할까"다. 물론 당신의 진정성이 가장 중요하지만, 에세이는 결국 독자와의 소통이다. 독자를 위한 선별 기준 세 가지를 알아보자.

공감 가능성: 나만의 특수한 이야기 < 보편적 정서 – 당신의 이야기는 특별할 수 있지만, 그 안의 정서는 보편적이어야 한다. 독자는 당신과 똑같은 경험을 하지 않았을 수 있지만, 같은 감정은 느껴봤을 것이다.

좋은 예: "나는 대기업 임원이었지만 어느 날 갑자기 해고당했다." → 대기업

임원 경험은 특수하지만, 해고당했을 때의 좌절감, 불안, 자존감 상실은 보편적이다.

나쁜 예: "나는 7개 국어를 할 수 있고, 30개국을 여행했으며, 에베레스트에 올랐다." → 경험은 특별하지만, 독자가 공감할 정서가 보이지 않는다. 자랑처럼 들린다.

AI에게 공감 가능성을 점검받을 수 있다.

나: "이 이야기가 독자들에게 공감될까? '나는 사업에 실패해서 빚을 10억 졌다.'"

AI: "빚 10억은 특수한 상황이지만, 실패에 대한 두려움, 가족에 대한 미안함, 다시 일어서야 한다는 압박감은 보편적입니다. 금액보다는 그때 느낀 감정에 집중하면 공감을 얻을 수 있습니다."

구체성: 막연한 느낌 < 선명한 장면 – "그때 힘들었다", "정말 기뻤다", "슬펐다"는 독자에게 아무것도 전달하지 못한다. 구체적인 장면, 대화, 디테일이 있어야 독자는 당신의 감정을 함께 느낄 수 있다.

막연한 표현: "아버지가 돌아가셨을 때 너무 슬펐다."

구체적인 표현: "아버지의 장례식 날, 나는 울지 않았다. 조문객들에게 인사하고, 음식을 나르고, 어머니를 부축했다. 집으로 돌아와 아버지의 구두를 정리하다가 닳아 해진 뒤축을 보는 순간, 무너졌다. 아버지는 평생 낡은 구두를 신으셨다."

두 번째 표현은 "슬펐다"는 말을 직접 하지 않지만, 독자는 더 깊은 슬픔을 느낀다. 구두라는 구체적 사물, 장례식 당일의 행동, 무너지는 순간의 장면이 모든 걸 말해 준다.

 AI와 함께 쓰는 자전적 에세이: 실전 가이드

선별할 때는 "이 기억을 한 장면으로 그릴 수 있나?"를 자문하라. 장면이 그려지지 않으면 아직 충분히 발굴되지 않은 것이다.

진정성: 포장된 이야기 < 날것의 감정 - 독자는 완벽한 당신이 아니라 진짜 당신을 만나고 싶어한다. 실수, 후회, 부끄러움, 미련. 이런 감정들이 오히려 독자와의 거리를 좁힌다.

포장된 이야기: "이혼 후 나는 더 강해졌고, 새로운 삶을 시작했다. 이혼은 오히려 축복이었다."

날것의 이야기: "이혼 후 1년 동안 나는 매일 밤 혼자 술을 마셨다. SNS에는 '잘 지낸다'고 올렸지만, 실제로는 전 남편의 프로필을 몰래 들어가 봤다. 강해진 게 아니라 그냥 견딘 것뿐이다."

두 번째가 훨씬 진솔하다. 독자는 첫 번째 이야기에서는 거리감을 느끼지만, 두 번째 이야기에서는 "나도 그랬어"라고 고개를 끄덕인다.

AI와 함께 선별하기 - 12개를 선택하기 어렵다면 AI와 함께 선별 과정을 거쳐라.

나: "이 12개 중 어떤 걸 선택해야 할지 모르겠어."

AI: "각 이야기를 한 문장으로 요약해보세요. 그리고 그 문장을 읽었을 때 가슴이 뛰는 것을 고르세요."

나: "가슴이 뛰는 것보다 부끄러운 게 많은데?"

AI: "부끄러운 이야기일수록 진정성이 있습니다. 독자는 완벽한 당신이 아니라 진짜 당신을 만나고 싶어합니다. 부끄러움을 느낀다는 건 그 이야기가 당신에게 여전히 의미가 있다는 뜻입니다."

나: "그래도 너무 사적인 이야기는 쓰기 부담스러운데."

AI: "사적인 이야기를 쓰되, 공개 범위를 조절할 수 있습니다. 실명 대신 가명을 쓰거나, 구체적인 상황을 약간 변형하거나, 에세이를 공개하지 않고 비공개로 보관할 수도 있습니다. 중요한 건 일단 쓰는 것입니다. 공개 여부는 나중에 결정해도 됩니다."

선별의 실전 연습: 점수 매기기 – 아직도 선택이 어렵다면, 각 이야기에 점수를 매겨보라.

기준	점수(1-5)
공감 가능성: 독자가 비슷한 감정을 느껴봤을까?	
구체성: 선명한 장면이 떠오르는가?	
진정성: 포장하지 않고 솔직하게 쓸 수 있나?	
의미: 이 이야기가 내 인생에서 어떤 의미인가?	
열정: 이 이야기를 쓰고 싶은 마음이 드는가?	

각 항목에 1점(낮음)부터 5점(높음)까지 점수를 매기고, 총점이 높은 12개를 선택하라. 완벽한 방법은 아니지만, 막막할 때 기준을 잡는 데 도움이 된다.

12개가 부담스럽다면: 6개부터 시작하라 – 12개라는 숫자에 압도당할 필요는 없다. 6개부터 시작해도 괜찮다. 중요한 건 완벽한 계획이 아니라

 AI와 함께 쓰는 자전적 에세이: 실전 가이드

실제로 쓰기 시작하는 것이다.

6개를 선택할 때는 이렇게 구성해보라:

① **시작: 당신의 이야기가 시작된 순간**

② **전환점 1: 첫 번째 큰 변화**

③ **좌절: 가장 힘들었던 순간**

④ **전환점 2: 다시 일어선 순간**

⑤ **깨달음: 무언가를 배운 순간**

⑥ **현재: 지금의 당신**

이 여섯 편만으로도 하나의 완결된 이야기를 만들 수 있다. 나중에 에세이를 더 추가하고 싶으면 그때 추가하면 된다.

당신의 12개 이야기는 이미 존재한다

라이프라인을 그리고, 오감을 통해 기억을 발굴하고, 패턴을 찾아 주제로 연결하고, 독자를 위해 선별하라. 이 과정을 거치면 누구나 최소한 12개의 에세이 소재를 찾을 수 있다.

AI는 이 과정에서 든든한 조력자다. 질문을 던지고, 패턴을 발견하고, 객관적인 시각을 제공한다. 하지만 결국 이야기의 주인공은 당신이다. AI는 당신의 삶을 대신 살 수 없고, 당신의 감정을 대신 느낄 수 없다. 12개가 부담스러우면 6개부터 시작하라. 6개도 부담스러우면 1개부터 시작하라. 중요한 건 숫자가 아니라 시작이다. 당신의 첫 번째 에세이를 쓰는 순간, 당신은 이미 작가다.

CHAPTER 5

12편 구조와 배열

12개의 에세이를 찾았다고 해서 끝이 아니다. 이제 그것들을 어떤 순서로 배열할 것인지 결정해야 한다. 같은 이야기라도 순서에 따라 전혀 다른 인상을 준다. 첫 번째 에세이가 독자를 붙잡지 못하면 두 번째를 읽지 않고, 중간에 감정의 리듬이 무너지면 끝까지 가지 못한다.

에세이 컬렉션은 단편 12개의 나열이 아니다. 하나의 긴 이야기다. 각 편이 독립적으로 존재하면서도, 전체가 하나의 메시지를 향해 나아가야 한다. 이 챕터에서는 12편을 어떻게 배열하고 연결할 것인지, 네 가지 전략과 구체적인 방법을 다룬다.

5.1 전체 구성의 4가지 전략

12편을 배열하는 방법은 무수히 많지만, 크게 네 가지 전략으로 나눌 수 있다. 각각의 장단점이 있고, 당신의 이야기 성격에 따라 선택하면 된다. 하나만 고집할 필요도 없다. 두세 가지 전략을 섞어 쓸 수도 있다.

시간순 배열 (성장 스토리) - 가장 직관적인 방법이다. 과거에서 현재로, 또는 어린 시절부터 지금까지 시간의 흐름을 따라간다. 독자는 당신의 인생을 처음부터 끝까지 함께 걷는 느낌을 받는다.

① 장점: 자연스럽고 따라가기 쉽다. 변화와 성장이 명확하게 보인다. 인과관계가 분명하다.

② 단점: 예측 가능해서 지루할 수 있다. 초반 에피소드가 약하면 독자가 이탈한다.

③ 구조 예시: 1-3편은 10대, 가족과의 갈등과 방황. 4-6편은 20대, 첫 사회생활과 실패. 7-9편은 30대, 결혼과 육아, 정착. 10-12편은 40대, 성숙과 화해.

④ 적합한 경우: 변화가 뚜렷하고, 과거와 현재의 차이가 큰 이야기에 적합하다. "나는 어떻게 지금의 내가 되었는가"를 보여주고 싶을 때 효과적이다.

⑤ 예시 - 30대 직장인 M씨: M씨는 지방 소도시에서 태어나 서울로 상경해 대기업에 입사한 이야기를 시간순으로 풀었다. 각 시기마다 "이방인으로 살기"라는 주제가 관통했다. 1편은 전학생으로 서울 학교에 적응하기, 4편은 첫 직장에서 지방 출신이라는 꼬리표, 8편은 결혼 후 처가에서 느낀 이질감, 12편은 이제는 어디에도 완전히 속하지 못하는 나, 그리고 그것의 자유. 시간순 배열이었지만 단순한 성장담이 아니라, "소속되지 못함"이라는 하나의 주제가 시간을 관통하며 심화되었다.

주제별 묶음 (변주곡 구조) - 시간 순서를 무시하고, 비슷한 주제끼리 묶는 방법이다. 마치 클래식 음악에서 하나의 멜로디를 여러 방식으로 변주하듯, 같은 주제를 다른 각도에서 반복해서 탐구한다.

① 장점: 하나의 주제를 깊이 있게 다룬다. 다양한 시각을 제공한다. 독자가 주제의 복잡성을 이해한다.

② 단점: 시간의 흐름이 없어서 산만할 수 있다. 주제 전환이 어색하면 단절감이 생긴다.

③ 구조 예시: 1-3편은 아버지(어린 시절, 청년기, 아버지가 된 후). 4-6편은 일(첫 직장, 이직, 퇴사). 7-9편은 사랑(첫사랑, 실연, 재회). 10-12편은 여행(혼자 떠난 여행, 가족 여행, 돌아온 고향).

④ 적합한 경우: 특정 주제에 대한 통찰을 보여주고 싶을 때, 또는 복잡한 감정이나 관계를 다각도로 조명하고 싶을 때 적합하다.

⑤ 예시 - 40대 작가 N씨: N씨는 "침묵"이라는 주제를 12가지 방식으로 탐구했다. 섹션 1(1-3편)은 가족의 침묵으로 아버지의 과묵함, 어머니의 숨김, 형제 간의 말 없는 이해를 다뤘다. 섹션 2(4-6편)는 관계의 침묵으로 연인과의 냉전, 친구와의 서먹함, 이별 후 연락 끊기를 그렸다. 섹션 3(7-9편)은 사회의 침묵으로 직장에서의 침묵 강요, SNS의 침묵, 침묵하는 다수를 탐구했다. 섹션 4(10-12편)는 나의 침묵으로 말하지 못한 사과, 삼킨 진심, 침묵이 준 평화를 다뤘다. 각 섹션은 시간 순서와 무관했지만, 침묵이라는 주제를 점점 깊이 파고들면서 "침묵은 비겁이 아니라 선택일 수 있다"는 메시지로 수렴했다.

 AI와 함께 쓰는 자전적 에세이: 실전 가이드

감정선 리듬 (롤러코스터 구조) - 독자의 감정을 의도적으로 조율하는 방법이다. 무거운 이야기 다음에는 가벼운 이야기를, 슬픈 이야기 다음에는 유머러스한 이야기를 배치해서 독자가 지치지 않게 한다.

① 장점: 독자가 끝까지 읽을 확률이 높다. 감정의 다양성을 보여줄 수 있다. 지루함을 방지한다.

② 단점: 의도적으로 배치하면 인위적으로 느껴질 수 있다. 감정 전환이 급작스러우면 어색하다.

③ 구조 예시: 1편은 가벼운 일상으로 독자 진입 장벽을 낮춘다. 2편은 조금 무거운 고민으로 독자를 끌어당긴다. 3편은 유머러스한 실수담으로 숨을 돌린다. 4-5편은 점점 깊어지는 이야기다. 6편은 감정 정점으로 울거나 웃는 순간이다. 7편은 가벼운 전환으로 다시 숨을 돌린다. 8-10편은 또 다른 상승이다. 11편은 두 번째 정점이다. 12편은 잔잔한 여운이다.

④ 적합한 경우: 다양한 톤의 에세이가 섞여 있을 때, 또는 독자의 몰입을 최우선으로 고려할 때 적합하다.

⑤ 예시 - 20대 블로거 P씨: P씨는 20대의 방황을 다룬 에세이 컬렉션을 감정선 리듬으로 구성했다. 1편 "카페 알바 첫날"은 가벼운 실수담으로 유머를 담았다. 2편 "통장 잔액 3만 원"은 경제적 불안으로 무거웠다. 3편 "친구들과의 술자리"는 위로와 연대로 따뜻했다. 4편 "연애 실패와 자괴감"은 슬픔으로 무거웠다. 5편 "길고양이를 만나다"는 작은 위안으로 가벼웠다. 6편 "부모님께 빌린 돈"은 죄책감으로 무거웠다.

독자는 무거운 이야기에 압도되지 않고, 가벼운 이야기로 숨을 고르면서 끝까지 읽을 수 있었다. P씨의 책은 "끝까지 단숨에 읽었다"는 평을 많이 받았다.

나선형 구조 (회귀와 상승) – 같은 주제나 장면으로 반복해서 돌아오되, 매번 다른 깊이와 의미로 탐구하는 방법이다. 원을 그리며 돌지만 점점 위로 상승하는 나선형 계단처럼, 같은 지점을 지나도 관점이 달라진다.

① 장점: 복잡한 주제를 깊이 있게 다룬다. 통찰이 점진적으로 심화된다. 순환 구조가 예술적이다.

② 단점: 독자가 반복을 지루하게 느낄 수 있다. 구조가 복잡해서 설계가 어렵다.

③ 구조 예시: 1편은 할머니의 죽음을 어린 시절 관점으로 본다. 4편은 친구의 죽음을 청년기 관점으로 본다. 8편은 아버지의 죽음을 중년 관점으로 본다. 12편은 나의 죽음에 대한 생각을 현재 관점으로 본다. 같은 "죽음"이라는 주제지만, 나이와 경험에 따라 이해가 깊어진다.

④ 적합한 경우: 하나의 큰 질문이나 주제를 평생에 걸쳐 탐구하는 이야기에 적합하다. 철학적이거나 성찰적인 에세이에 효과적이다.

⑤ 예시 – 50대 교사 Q씨: Q씨는 "가르친다는 것"에 대한 12편의 에세이를 나선형으로 구성했다. 1편은 초임 교사 시절 "나는 가르칠 수 있을까?"라는 질문이었다. 3편은 5년 차로 "학생들은 왜 내 말을 듣지 않을까?"를 물었다. 6편은 10년 차로 "가르치는 게 아니라 배우고 있었다"

  AI와 함께 쓰는 자전적 에세이: 실전 가이드

를 깨달았다. 9편은 20년 차로 "가르침은 관계다"를 발견했다. 12편은 퇴임을 앞두고 "나는 무엇을 가르쳤나"를 성찰했다. 같은 질문으로 반복해서 돌아오지만, 매번 답이 달랐다. 독자는 Q씨와 함께 30년의 교직 생활을 나선형 계단을 오르듯 경험했다.

어떤 전략을 선택할 것인가? – 네 가지 전략 중 하나를 선택해야 한다고 생각하지 마라. 혼합해서 사용할 수 있다. 예를 들어, 전체는 시간순이지만 중간에 주제별 묶음 섹션을 넣거나, 주제별 구조 안에서 감정선 리듬을 조절할 수 있다.

중요한 건 "왜 이 순서인가"를 스스로 설명할 수 있어야 한다는 것이다. 임의로 섞어 놓은 것과 의도적으로 배치한 것은 독자가 느낀다.

AI와 함께 전략 정하기 – 전략을 정하기 어렵다면 AI와 대화하라.

나: "12개 에세이가 있는데 어떤 순서로 배치해야 할지 모르겠어."

AI: "먼저 각 에세이의 시간적 배경과 주요 감정을 정리해주세요. 그러면 어떤 전략이 적합한지 함께 찾아볼 수 있습니다."

나: (12개 에세이 정보 제공)

AI: "대부분이 30-40대 시기에 집중되어 있고, 감정도 다양하네요. 시간순 배열보다는 주제별이나 감정선 리듬이 더 적합해 보입니다. 아니면 나선형으로 '관계'라는 주제를 반복 탐구하는 것도 좋을 것 같습니다."

AI는 당신의 이야기를 객관적으로 보고 가능성을 제시한다. 최종 결정은 당신이 하되, AI의 조언을 참고하라.

5.2 각 편의 역할과 위치

12편 각각에는 역할이 있다. 영화로 치면 오프닝 씬, 캐릭터 소개, 클라이맥스, 엔딩처럼 각각의 장면이 서로 다른 기능을 한다. 에세이 컬렉션도 마찬가지다.

영화 구조에 비유한 12편의 역할

① 1편 - 오프닝 씬: 관객을 극장 좌석에 붙잡아두기. 첫 5분 안에 흥미를 끌지 못하면 영화관을 나간다.

② 2-3편 - 세계관과 캐릭터 소개: 이 이야기가 어떤 세계인지, 화자가 어떤 사람인지 보여준다.

③ 4-5편 - 일상과 갈등 제시: 평범한 일상 속 균열, 해결되지 않은 문제들이 드러난다.

④ 6-7편 - 상승 국면: 갈등이 깊어지고, 감정이 고조된다.

⑤ 8편 - 클라이맥스: 감정의 정점. 관객이 울거나 웃는 순간. 가장 강렬한 에세이가 온다.

⑥ 9-10편 - 해소와 변화: 클라이맥스 이후 어떻게 달라졌는가. 여러 결말의 가능성이 보인다.

⑦ 11편 - 또 다른 전환: 끝나는 듯하지만 한 번 더 반전이나 깊이가 추가된다.

⑧ 12편 - 엔딩과 여운: 모든 이야기를 감싸 안는다. 순환 구조나 열린 결말로 독자에게 생각할 여지를 남긴다.

   AI와 함께 쓰는 자전적 에세이: 실전 가이드

구체적 배치 예시: "의자" 모티프를 활용한 12편 – 아버지와의 관계를
다룬 에세이 컬렉션을 예로 들어보자. "의자"라는 모티프가 반복된다.

- 1편 "아버지의 빈 의자": 아버지가 돌아가신 후, 그가 앉던 의자를 보며
  시작. 강렬한 이미지로 독자를 끌어당긴다.
- 2편 "첫 출근길 지하철": 시간을 거슬러 20대로. 아버지와는 무관해 보
  이는 일상 이야기로 전환. 톤을 가볍게 조정.
- 3편 "서른에 쓴 사직서": 첫 번째 전환점. 아버지는 반대했지만 나는 사
  표를 냈다. 갈등의 시작.
- 4편 "아버지의 서재": 어린 시절로 돌아가 아버지의 책상 의자를 기억한
  다. 아버지는 항상 그 의자에 앉아 일했다.
- 5편 "결혼식 날의 빈자리": 아버지는 내 결혼을 반대했고, 식장에 오지
  않았다. 빈 의자.
- 6편 "아이가 태어난 날": 아버지에게 전화를 걸었다. "아빠 됐어." 아버
  지의 짧은 대답, "그래."
- 7편 "병원 의자": 아버지가 암 진단을 받았다. 병원 복도의 플라스틱 의
  자에서 기다리던 시간.
- 8편 "마지막 대화": 클라이맥스. 아버지의 병실 의자에 앉아 나눈 마지
  막 대화. "미안하다"는 말.
- 9편 "장례식장": 빈소 앞 의자에 앉아 조문객을 맞이한다. 아버지가 없
  는 의자.
- 10편 "아버지의 옷장": 집을 정리하며 아버지의 물건을 만진다. 의자가
  아니라 옷, 시계, 안경.

- 11편 "내 아이에게": 내 아들이 처음 의자에 혼자 앉던 날. 나는 아버지가 된다.

- 12편 "다시, 그 의자": 순환. 이제 나는 아버지가 앉던 그 의자에 앉아 있다. 아버지를 이해한다.

이 구조는 의자라는 모티프가 반복되면서 아버지와의 관계가 점진적으로 심화된다. 1편과 12편이 같은 의자를 다루지만, 의미는 완전히 달라진다. 이것이 순환 구조의 힘이다.

첫 편의 중요성: 독자를 붙잡는 5가지 방법 – 첫 번째 에세이는 가장 신경 써야 한다. 독자는 첫 편을 읽고 "이 책을 끝까지 읽을 것인가"를 결정한다.

① 강렬한 이미지로 시작: 추상적 설명이 아니라 선명한 장면. 나쁜 예는 "나는 아버지와 관계가 좋지 않았다"이고, 좋은 예는 "아버지의 의자는 언제나 비어 있었다"이다.

② 질문을 던진다: 독자가 답을 알고 싶게 만든다. 예를 들어 "왜 나는 20년 동안 그 사람을 잊지 못했을까?"

③ 반전이나 아이러니: 예상을 깬다. 예를 들어 "나는 결혼식 날 울지 않았다. 이혼 서류에 도장을 찍는 날 울었다."

④ 독자가 공감할 감정: 누구나 느껴본 감정으로 시작. 예를 들어 "첫 출근 날, 나는 지하철에서 울었다."

⑤ 짧고 강렬하게: 첫 편은 길 필요 없다. 3-4페이지로 충분하다.

마지막 편의 역할: 여운을 남기는 3가지 방법 - 12번째 에세이는 독자가 책을 덮은 후에도 오래 남는다. 모든 걸 설명하려 하지 마라. 여운을 남겨라.

① 순환 구조: 첫 편의 이미지나 문장으로 돌아온다. 1편은 "아버지는 항상 그 의자에 앉아 계셨다"이고, 12편은 "이제 나는 그 의자에 앉아 있다"이다.

② 열린 결말: 답을 주지 않고 질문을 남긴다. 예를 들어 "나는 여전히 답을 모른다. 하지만 이제 질문을 사랑한다."

③ 앞으로의 암시: 이야기는 계속된다는 느낌. 예를 들어 "내일도 나는 그 의자에 앉을 것이다. 그리고 아버지를 생각할 것이다."

5.3 연결과 통일성

12편이 각자 훌륭해도, 연결되지 않으면 산만하다. 독자는 "이게 왜 한 권의 책인가?"라는 의문을 가진다. 통일성을 만드는 세 가지 장치를 알아보자.

모티프 반복 - 특정 이미지, 사물, 색깔, 계절 등을 반복해서 등장시킨다. 모티프는 각 에세이를 하나로 묶는 실타래 역할을 한다.

• 모티프 예시: 사물로는 의자, 전화기, 자전거, 거울. 장소로는 바닷가, 할머니 집, 지하철. 색깔로는 노란색(해바라기, 은행잎, 카레 등). 계절로는 모든 에세이가 겨울 배경. 소리로는 피아노 소리, 기차 소리.
  모티프는 노골적일 필요 없다. 은근하게, 자연스럽게 반복되면 독자는 무의식적으로 연결을 느낀다.

• 예시 - 의자 모티프: 앞서 예시로 든 "의자" 에세이 컬렉션어서, 의자는

매번 다른 형태로 등장했다. 아버지의 안락의자, 지하철 좌석, 병원 의자, 아기 의자, 식탁 의자. 독자는 의자라는 모티프를 통해 12편이 하나의 주제—"앉는다는 것, 머문다는 것, 자리를 차지한다는 것"—로 연결된다는 걸 느낀다.

톤의 일관성 – 각 에세이의 톤이 너무 달라지면 독자는 혼란스럽다. 한 편은 농담투, 다음 편은 무거운 비극, 그다음은 철학적 성찰… 이렇게 톤이 극단적으로 바뀌면 같은 사람이 쓴 글 같지 않다.

- **나쁜 예**: 1편은 가벼운 유머 에세이("치킨 먹다 체한 썰"), 2편은 무겁고 비극적("아버지의 죽음"), 3편은 철학적 명상("시간이란 무엇인가").
- **좋은 예**: 전체적으로 "따뜻한 회고" 톤을 유지한다. 유머가 있어도 따뜻함이 기본이고, 슬픔이 있어도 절망이 아닌 성찰이다.

톤은 문장 스타일, 어휘 선택, 문단 길이에서도 드러난다. 한 편은 짧고 간결한 문장, 다음 편은 길고 복잡한 문장이면 일관성이 없어 보인다.

- **AI에게 톤 점검 받기:**

  나: "12편의 톤이 일관적인지 확인해줄 수 있어?"

  AI: "각 편의 첫 문단을 보내주세요. 문장 길이, 어휘, 분위기를 분석해드릴게요."

  나: (첫 문단들 전송)

  AI: "1, 3, 7편은 문장이 짧고 경쾌한데, 2, 5, 9편은 문장이 길고 무겁습니다. 2, 5, 9편의 문장을 조금 더 짧게 다듬으면 전체 톤이 일관될 것 같습니다."

메아리 구조 (Echoing) – 첫 번째 에세이의 문장이나 이미지가 마지막 에세이에서 변주되어 돌아오는 구조다. 독자는 첫 장면을 기억하고 있다가 마지막에 다시 만나면서 "아, 이렇게 연결되는구나"라는 감동을 느낀다.

- 메아리 구조 예시 1: 1편 첫 문장은 "아버지는 항상 그 의자에 앉아 계셨다"이고, 12편 마지막 문장은 "이제 나는 그 의자에 앉아 있다. 그리고 아버지를 이해한다"이다.
- 메아리 구조 예시 2: 1편은 "어머니는 내게 '넌 할 수 없어'라고 말했다"이고, 12편은 "이제 나는 내 딸에게 '넌 할 수 있어'라고 말한다"이다.
- 메아리 구조 예시 3: 1편은 바다를 처음 본 날의 두려움이고, 12편은 다시 바다를 찾아간 날, 이제는 두렵지 않다.

메아리는 직접적일 수도 있고, 은유적일 수도 있다. 중요한 건 독자가 "순환"을 느끼게 하는 것이다.

AI 활용: 배열 최적화 – 12편을 다 썼는데 순서가 확신이 서지 않는다면, AI와 함께 배열을 최적화할 수 있다.

나: "12편을 어떤 순서로 배치해야 독자가 끝까지 읽을까?"

AI: "각 편의 감정 강도를 1부터 10까지 숫자로 매겨보세요. 1은 가볍고 편안한 감정, 10은 가장 무겁고 강렬한 감정입니다."

나: "매겼어. 순서대로 8, 9, 7, 10, 3, 5, 9, 6, 8, 7, 10, 4야."

AI: "지금 배열은 초반에 8-9-7-10으로 너무 강렬한 에세이가 몰려 있어서 독자가 지칠 수 있습니다. 그리고 마지막이 4로 끝나면 여운이 약해요. 이렇게 재배열해

보세요: 3-8-5-7-6-9-4-10-7-8-9-6. 가볍게 시작해서 점진적으로 상승하고, 10에서 클라이맥스를 찍은 후 약간 내려갔다가 다시 8-9로 올라가고 6으로 여운을 남깁니다."

나: "10이 두 개 있는데 하나는 어디에 놔야 해?"

AI: "하나는 8번째 위치(전체의 2/3 지점)에 두고, 나머지 하나는 아예 빼거나 강도를 낮춰보세요. 클라이맥스가 두 개면 독자가 어느 것이 진짜 정점인지 혼란스러워합니다."

이런 식으로 AI는 감정 곡선을 시각화하고, 독자 경험을 최적화하는 데 도움을 준다.

배열 점검 체크리스트 – 최종 배열을 확정하기 전에 다음 질문들에 답해보라.

① 첫 번째 에세이가 독자를 붙잡는가?: 첫 3문단 안에 흥미로운 이미지, 질문, 갈등이 있는가?

② 중간에 지루한 구간이 없는가?: 비슷한 톤이나 주제가 3편 이상 연속되지 않는가?

③ 클라이맥스가 명확한가?: 가장 강렬한 에세이가 어디에 있는가? 보통 전체의 2/3 지점이다.

④ 마지막 에세이가 여운을 남기는가?: 첫 에세이와 연결되는가? 열린 결말인가?

⑤ 전체가 하나의 메시지로 수렴하는가?: 12편을 다 읽은 독자가 "이 책은 ___에 관한 이야기"라고 한 문장으로 요약할 수 있는가?

마무리: 구조는 유연하다

12편을 완벽하게 배치했다고 해서 끝이 아니다. 실제로 책을 쓰다 보면 순서를 바꾸고 싶어질 수 있다. 새로운 에세이를 추가하거나, 일부를 빼고 싶을 수도 있다. 그것도 괜찮다. 구조는 고정된 게 아니라 살아 있다. 중요한 건 "왜 이 순서인가"를 스스로 설명할 수 있어야 한다는 것이다. 임의로 섞어놓은 게 아니라, 독자의 경험을 고려해서 의도적으로 배치했다면, 그것이 좋은 구조다.

시간순이든, 주제별이든, 감정선 리듬이든, 나선형이든—당신의 이야기에 맞는 구조를 선택하라. 그리고 각 편이 제 역할을 하도록 배치하라. 첫 편은 독자를 끌어당기고, 중간은 몰입하게 하고, 마지막은 여운을 남기도록. 12편이 하나의 목소리로 말하고, 하나의 주제를 향해 나아갈 때, 당신의 에세이 컬렉션은 단순한 글 모음이 아니라 하나의 작품이 된다.

CHAPTER 6

AI와 함께하는 기획 완성

이제 당신은 12개의 이야기 후보를 가지고 있고, 어떤 구조로 배열할지도 안다. 하지만 여전히 막연하다. "정말 이 12개가 맞을까?", "순서는 이게 최선일까?", "빠진 이야기는 없을까?" 이런 의문이 계속 든다. 이 챕터에서는 AI와 함께 기획을 마무리하는 구체적인 방법을 다룬다. AI는 당신을 대신해 결정하지 않는다. 당신이 스스로 선택할 수 있도록 질문을 던지고, 가능성을 제시하고, 객관적인 시각을 제공한다. 여기서 중요한 건 대화의 기술이다. 어떻게 물어보느냐에 따라 AI의 도움의 질이 달라진다.

6.1 브레인스토밍 세션

기억을 발굴하는 작업은 한 번에 끝나지 않는다. 처음 라이프라인을 그릴 때는 10개 정도만 떠올랐는데, AI와 대화하면서 점점 더 많은 기억이 되살아난다. 목표는 50개 정도의 후보를 만드는 것이다. 50개에서 12개를 고르는 게, 12개를 억지로 짜내는 것보다 훨씬 쉽다.

50개에서 12개로 가는 과정 - 브레인스토밍은 양이 중요하다. 일단 많이 떠올리고, 나중에 고르면 된다. 하지만 막상 "50개를 떠올려봐"라고 하면 막막하다. 이럴 때 AI가 구조를 제공한다.

대화 예시 1: 시작 단계

나: "내 인생 이야기 50개를 뽑고 싶어."

AI: "좋습니다. 먼저 10대, 20대, 30대로 나누면 어떨까요? 각 시대별로 15개씩 떠올려보세요."

나: "아니, 시대별로 나누는 것보다 더 효율적으로 떠올릴 수 있는 방법을 알려줘."

AI: "그렇다면 이런 범주로 생각해보세요. 1. 처음 경험 (첫 학교, 첫 직장, 첫 키스 등) 2. 마지막 순간 (마지막 만남, 마지막 대화, 마지막 여행) 3. 최고의 날 (가장 행복했던 순간들) 4. 최악의 날 (가장 힘들었던 순간들) 5. 터닝포인트 (인생이 바뀐 결정들) 각 범주에서 10개씩만 떠올려보세요. 그러면 50개가 됩니다."

나: "처음 경험은 잘 떠오르는데 최악의 날은 떠올리기 싫어."

AI: "괜찮습니다. 지금은 일단 떠올리기만 하세요. 쓸지 말지는 나중에 결정하면 됩니다. 기억하는 것과 쓰는 것은 다릅니다."

이런 식으로 AI는 막막함을 구체적인 과제로 바꿔준다. "50개"라는 숫자는 부담스럽지만, "5개 범주에서 각 10개씩"은 할 만하다.

대화 예시 2: 확장 단계

어떤 시기는 기억이 잘 안 난다. 특히 유년기나 평범했던 시절은 "별일 없었다"고 생각하며 건너뛰기 쉽다. 하지만 평범 속에도 이야기는 있다.

나: "10대 때 기억이 잘 안 나. 학교 다니고 집에 오고... 특별한 게 없었어."

AI: "학교 친구 이름 세 명만 떠올려보세요."

나: "철수, 영희, 민수."

AI: "좋습니다. 각 친구와의 에피소드 하나씩만 떠올려보세요. 거기서 시작됩니다."

나: "철수랑은... 수학여행 때 같은 방 썼고, 영희는 내가 짝사랑했던 애고, 민수는 같이 PC방 다녔어."

AI: "그럼 이제 각 에피소드를 조금만 더 구체적으로 떠올려보세요. 수학여행에서 철수와 무슨 이야기를 나눴나요? 영희에게 고백은 했나요? 민수와 PC방에서 뭐 했나요?"

나: "수학여행 때 철수랑 밤새 미래 꿈 이야기했는데... 철수는 의사 되겠다고 했어. 지금은 연락 안 하고 사는데, 철수가 뭐 하는지 모르겠네."

AI: "그게 바로 하나의 에세이 소재입니다. '밤새 꿈을 이야기하던 친구, 그리고 잊혀진 연락.' 10대의 순수한 꿈과 어른이 된 현실 사이의 거리. 독자들이 공감할 만한 이야기입니다."

이렇게 친구 이름 하나에서 시작해 구체적인 에피소드가 나오고, 그것이 에세이 소재가 된다. AI는 당신이 "아무것도 없다"고 생각하는 곳에서 이야기를 찾아낸다.

메타 프롬프트: 질문하는 법을 질문하기 – 브레인스토밍을 잘하려면 AI에게 어떻게 물어봐야 하는지를 먼저 물어보라. 이걸 메타 프롬프트라고 한다. AI에게 "이런 주제로 글을 쓰고 싶은데"라고 묻는 게 아니라, "이런

     AI와 함께 쓰는 자전적 에세이: 실전 가이드

주제로 글을 쓰려면 어떤 질문을 해야 해?"라고 묻는 것이다.

> 나: "브레인스토밍을 더 잘하려면 어떤 질문을 해야 해?"
>
> AI: "이렇게 물어보세요. • '내가 반복해서 남에게 들려주는 이야기가 뭐야?' • '부모님이 손자에게 들려주는 내 어린 시절 이야기는?' • '술자리에서 꼭 나오는 에피소드는?' • '친구들이 '너 그거 기억나?' 하면서 꺼내는 이야기는?' • '내가 절대 잊지 못하는 장면이 있다면?'"
>
> 나: "아, 그런 질문들이 더 효과적이네. 다른 질문도 있어?"
>
> AI: "물론입니다. • '내가 가장 후회하는 선택은?' • '다시 돌아간다면 바꾸고 싶은 순간은?' • '누군가에게 사과하고 싶은 일이 있다면?' • '나를 가장 많이 울게 만든 것은?' • '나를 가장 많이 웃게 만든 것은?'"

이런 식으로 AI는 당신이 스스로 질문을 만들 수 있게 돕는다. 메타 프롬프트는 AI를 단순한 답변자가 아니라 사고의 파트너로 만든다.

브레인스토밍에서 흔히 하는 실수

① 너무 빨리 검열한다: "이건 별로야", "이건 남들도 다 겪는 거잖아" – 이런 판단은 나중에 하라. 지금은 일단 떠올리기만 하라.

② 완벽한 문장으로 쓰려고 한다: 브레인스토밍 단계에서는 단어나 짧은 구만 적어도 된다. "할머니", "고양이 죽음", "첫 월급" 이 정도로 충분하다.

③ 시간 순서에 집착한다: "10대부터 차례로 떠올려야지" – 이렇게 하면 막힌다. 아무 순서나 괜찮다. 40대 이야기가 먼저 떠올랐으면 그것부터 적어라.

AI를 활용한 연상 게임 - 막혔을 때는 AI와 연상 게임을 해보라.

나: "더 이상 떠오르지 않아."

AI: "제가 단어를 하나씩 던질게요. 그 단어로 떠오르는 기억을 자유롭게 말해보세요. 거울."

나: "어릴 때 거울 보면서 연습한 고백 대사."

AI: "좋네요. 그게 에세이 소재입니다. 다음, 비."

나: "고등학교 때 비 맞으며 집에 걸어온 날. 그날 시험 망쳤었어."

AI: "그것도 소재입니다. 다음, 편지." 나: "대학 때 받은 연애편지... 아직도 서랍에 있어."

이렇게 단어 하나씩 던지면서 기억의 연결고리를 만들 수 있다. 10개 단어를 던지면 10개 이상의 기억이 나온다.

6.2 선별과 우선순위

이제 당신은 50개 정도의 기억 리스트를 가지고 있다. 문제는 이 중에서 12개를 선택하는 것이다. 어떤 기준으로 고를 것인가? 모두 의미 있어 보이는데, 어떤 걸 포기해야 할까? 선별은 세 단계 필터링으로 한다. 각 단계마다 기준이 다르고, 세 단계를 모두 통과한 이야기가 최종 12개가 된다.

1단계: 감정 강도 (1-10점) - 에세이는 감정이 없으면 죽은 글이다. 독자는 정보가 아니라 감정을 읽는다. 그러니 첫 번째 기준은 "이 이야기가 나에게 얼마나 강한 감정을 일으키는가"다.

나: "50개 각각에 감정 점수를 매기기 어려워. 다 나름 의미가 있는데."

AI: "그렇다면 이렇게 해보세요. 그 이야기를 떠올릴 때 몸의 반응을 체크하세요. 가

습이 뛰나요? 눈물이 나나요? 웃음이 나나요? 아무 반응이 없다면 낮은 점수, 반

응이 강하면 높은 점수를 주세요.”

나: “예를 들면?”

AI: “‘첫 출근 날’을 떠올릴 때 가슴이 두근거린다면 7점 이상. ‘회사 야유회’를 떠올릴

때 아무 감정이 안 든다면 3점 이하. 이런 식입니다.”

감정 점수를 매기면서 스스로에게 물어보라.

- 이 이야기를 남에게 할 때 목소리가 떨리는가?
- 이 기억을 떠올리면 눈물이 나는가?
- 이 순간을 생각하면 웃음이 나는가?
- 이 사건을 쓴다면 손이 떨릴 것 같은가?

몸이 반응하는 이야기가 독자도 반응한다.

2단계: 장면의 선명도 – 감정이 강해도 장면이 흐릿하면 쓸 수 없다. “그
때 힘들었다”는 기억만으로는 에세이가 안 된다. 구체적인 장면, 대화, 디
테일이 필요하다.

AI: “각 이야기에 대해 스스로 세 가지를 물어보세요. 1. 그 순간을 그림으로 그릴 수

있나요? 2. 냄새가 기억나나요? 3. 대사가 기억나나요?”

나: “대사까지는 기억 안 나는데.”

AI: “정확한 대사가 아니어도 괜찮습니다. 대화의 분위기, 말투, 어조만 기억나도 충

분합니다. 중요한 건 그 장면이 당신 머릿속에서 영화처럼 재생되는가입니다.”

좋은 예: "아버지가 돌아가신 날, 병실 창밖으로 까치가 울었다. 어머니는 아버지 손을 잡고 '이제 편히 쉬세요'라고 말했다. 나는 그 말을 듣고 처음으로 울었다."

나쁜 예: "아버지가 돌아가셨을 때 정말 슬펐다. 장례식도 치르고 힘든 시간을 보냈다."

첫 번째는 장면이 보인다. 까치, 창밖, 어머니의 말, 내가 우는 순간. 두 번째는 추상적이다. 선명한 장면이 없으면 에세이로 발전시키기 어렵다.

3단계: 변화의 크기 – 에세이는 변화의 이야기다. Before와 After가 명확해야 한다. "이 사건 이전의 나"와 "이 사건 이후의 나"가 달라야 독자가 "아, 이 사건이 중요했구나"를 이해한다.

> AI: "각 이야기에 대해 물어보세요. • Before와 After가 명확한가요? • 그 사건 이전과 이후의 당신이 다른가요? • 무엇이 바뀌었나요? 생각? 관계? 행동?"

> 나: "예를 들면?"

> AI: "예를 들어, '첫 해고'라는 사건이 있다면: • Before: 회사가 내 정체성이었다. 나는 직장인이다. • After: 회사는 내가 아니다. 나는 나다. 이런 변화가 명확하면 좋은 에세이 소재입니다."

좋은 예: "이혼 전에는 결혼이 목표의 끝이라고 생각했다. 이혼 후에는 결혼이 선택지 중 하나일 뿐이라고 깨달았다."

나쁜 예: "회사 야유회에 갔다. 재미있었다. 끝."

두 번째 예는 변화가 없다. 그냥 일어난 사건일 뿐이다. 에세이는 일기가 아니라 성찰이다.

세 단계 필터링 실습 - 50개 리스트를 앞에 놓고, 각각에 점수를 매겨보라.

이야기 | 감정 강도 (1-10) | 장면 선명도 (1-10) | 변화의 크기 (1-10) | 총점

할머니 장례식 | 9 | 8 | 7 | 24 회사 야유회 | 3 | 5 | 2 | 10 첫 해고 | 8 | 9 | 10 |

27 ... | ... | ... | ... | ...

총점이 높은 순서대로 정렬하면, 자연스럽게 12-15개가 상위권에 모인다. 그중에서 12개를 최종 선택하면 된다.

AI와 함께 선별하기 - 점수를 매겼는데도 선택이 어렵다면, AI에게 도움을 요청하라.

나: "총점이 비슷한 이야기가 여러 개인데 어떻게 고르지?"

AI: "두 가지를 고려하세요. 1. 다양성: 12개 전체가 비슷한 주제나 감정이면 지루합니다. 슬픔, 기쁨, 분노, 그리움 등 감정이 다양하게 분포되어야 합니다. 2. 연결성: 12개가 하나의 큰 주제로 연결될 수 있어야 합니다. 완전히 동떨어진 이야기 12개보다는, '관계', '성장', '상실' 같은 메타 주제로 묶일 수 있는 이야기들이 좋습니다."

나: "지금 고르려는 12개를 보여줄게. 평가해줄 수 있어?"

AI: (12개 리스트를 받은 후) "전체적으로 '상실'에 집중되어 있네요. 죽음, 이별, 이직... 모두 무언가를 잃는 이야기입니다. 좋은 주제지만, 독자가 지칠 수 있습니다. 이 중 2-3개를 '회복'이나 '새로운 시작' 이야기로 바꾸면 어떨까요?"

이렇게 AI는 당신이 보지 못한 패턴을 짚어주고, 균형을 제안한다.

6.3 구성표 만들기

12개를 선택했으면 이제 순서를 정할 차례다. 챕터 5에서 배운 네 가지 전략(시간순, 주제별, 감정선, 나선형)을 참고하되, 실제로 어떻게 배치할지는 AI와 함께 시뮬레이션해보면서 결정한다.

최종 블루프린트 작성 – 블루프린트는 건축의 설계도처럼, 에세이 컬렉션의 전체 지도다. 각 에세이가 어느 위치에 오고, 어떤 역할을 하는지 명확하게 정리한다.

대화 예시: 기본 배치

나: "12개를 뽑았는데 순서를 모르겠어."

AI: "먼저 가장 강렬한 이야기 세 개를 골라보세요. 감정 강도나 변화의 크기가 가장 큰 것들이요. "

나: "할머니 장례식, 첫 해고, 이혼 결정. 이 세 개가 가장 강렬해."

AI: "좋습니다. 이 세 개를 1번, 8번, 12번에 배치해보세요."

나: "왜 그 자리에?"

AI: "1번은 독자를 잡고, 8번은 감정 정점, 12번은 여운입니다. 이 세 개가 기둥입니다. 나머지 9개는 이 기둥 사이를 채우는 역할을 합니다."

나: "그럼 할머니 장례식을 1번에 놓으면 너무 무겁지 않을까?"

AI: "좋은 지적입니다. 1번은 강렬하되 독자가 도망가지 않을 정도로 조절이 필요합니다. 할머니 장례식이 너무 무겁다면, 첫 해고를 1번에 두고 할머니 장례식을 8번에 두는 건 어떨까요?"

이런 식으로 AI와 대화하면서 위치를 조정한다.

대화 예시: 중간 배치 조정

나: "1번, 8번, 12번은 정했어. 그럼 2-7번, 9-11번은 어떻게 배치해?"

AI: "인접한 에세이끼리 너무 비슷하지 않게 배치하세요. 예를 들어, 2번이 슬픔이면 3번은 가벼운 이야기로. 시대도 왔다 갔다 하고, 감정도 강약을 조절하면서 배치하세요."

나: "구체적인 순서를 제안해줘."

AI: "각 에세이의 시대, 주제, 감정을 표로 만들어서 보여주시면 최적 배치를 제안할게요."

나: (표 작성 후 전송)

AI: "이렇게 배치하면 어떨까요? 1. 첫 해고 (30대, 일, 좌절) - 강렬한 시작 2. 대학 축제 (20대, 사랑, 설렘) - 가볍게 전환 3. 아버지와의 대화 (40대, 가족, 화해) - 따뜻함 4. 이사 가는 날 (30대, 일상, 불안) - 일상으로 5. 친구와의 다툼 (20대, 관계, 분노) - 감정 상승 6. 강아지 죽음 (10대, 상실, 슬픔) - 과거로 7. 첫 월급 (20대, 일, 기쁨) - 숨 고르기 8. 할머니 장례식 (40대, 가족, 슬픔) - 클라이맥스 9. 혼자 떠난 여행 (30대, 자유, 평화) - 회복 10. 재회 (30대, 관계, 그리움) - 따뜻함 11. 딸의 첫 생일 (40대, 가족, 감동) - 희망 12. 이혼 결정 (40대, 선택, 해방) - 여운"

나: "8번과 12번이 모두 무거운데 괜찮아?"

AI: "8번은 슬픔, 12번은 해방입니다. 같은 무게지만 방향이 다릅니다. 8번에서 울고, 12번에서 안도하는 구조입니다. 하지만 12번을 더 가볍게 끝내고 싶다면 11번과 12번을 바꿔도 됩니다."

독자 여정 시뮬레이션 – 배치를 정했으면, 독자가 실제로 읽을 때 어떤 감정 여정을 겪을지 시뮬레이션해보라.

> 나: "이 순서대로 독자가 읽으면 어떤 여정이 될까?"
>
> AI: "제가 독자의 입장에서 시뮬레이션해볼게요. • 1편: 첫 해고 → '어, 이 사람 힘들었겠다' (호기심) • 2편: 대학 축제 → '아, 좋았던 시절도 있었네' (환기) • 3편: 아버지와의 대화 → '나도 우리 아빠랑 이런 적 있어' (첫 공감) • 4–7편: 일상의 다양한 순간들 → 점점 더 몰입 • 8편: 할머니 장례식 → 울컥 (감정 폭발) • 9–11편: 회복과 희망 → '괜찮아질 수 있구나' (위로) • 12편: 이혼 결정 → '나도 뭔가 시작해야겠다' (영감)"
>
> 나: "9편이 너무 갑자기 밝은 건 아닐까? 8편에서 울었는데 바로 여행 이야기면 어색하지 않아?"
>
> AI: "맞습니다. 9편 앞에 짧은 전환 에세이를 넣거나, 9편의 첫 부분에서 '할머니 장례식 이후, 나는 한동안...'처럼 시간의 흐름을 명시하면 자연스러워집니다."

이렇게 AI와 대화하면서 독자 경험을 섬세하게 조율한다.

구성표는 지도지 감옥이 아니다 – 배치를 완벽하게 했다고 해서 끝이 아니다. 실제로 글을 쓰다 보면 순서가 바뀐다. 6번이 8번 자리로 가기도 하고, 11번이 3번이 되기도 한다. 그게 자연스럽다.

> AI: "구성표는 언제든 바뀔 수 있습니다. 쓰다 보면 어떤 에세이는 생각보다 길어지고, 어떤 에세이는 짧아집니다. 어떤 이야기는 쓰면서 '이건 8번 자리가 맞네'라고 깨닫기도 합니다. 설계도는 지도이지 감옥이 아닙니다."

나: "그럼 지금 배치한 순서가 나중에 다 바뀔 수도 있다는 거야?"

AI: "그럴 수 있습니다. 하지만 지금 이 배치 작업이 의미 없는 건 아닙니다. 출발점이 있어야 길을 찾을 수 있습니다. 지도 없이 여행하면 길을 잃지만, 지도가 있으면 길을 바꿔도 방향을 잃지 않습니다."

마지막 체크: 첫 문장 테스트 – 구성표가 완성되었다면, 마지막으로 각 에세이의 첫 문장만 써보라. 전체를 쓰지 않아도, 첫 문장만으로도 전체 흐름이 보인다.

나: "이제 시작해도 될까?"

AI: "12편의 첫 문장만 써보세요. 그것만으로도 전체 흐름이 보일 겁니다."

나: "첫 문장을 어떻게 쓰는지 모르겠는데?"

AI: "그건 Part 3에서 자세히 배웁니다. 지금은 '이 에세이는 무엇에 대한 이야기인가'를 한 문장으로 요약하는 것만으로도 충분합니다. 완벽한 문장이 아니어도 괜찮습니다."

예시: 첫 문장 리스트

① "해고 통보를 받은 날, 나는 회사 화장실에서 30분을 숨었다."

② "대학 축제 마지막 날, 우리는 새벽까지 술을 마셨다."

③ "마흔이 되어서야 나는 아버지에게 처음으로 '사랑해'라고 말했다."

④ "이사 트럭이 떠난 빈 집에서, 나는 처음으로 자유를 느꼈다."

⑤ "친구와의 싸움은 언제나 사소한 것에서 시작된다."

⑥ "강아지가 죽던 날, 나는 죽음이 무엇인지 처음 알았다."

⑦ "첫 월급 명세서를 보며 나는 어른이 된 것 같았다."

⑧ "할머니의 장례식에서 나는 울지 않았다. 3일 후 부엌에서 된장찌개를 끓이다가 울었다."

⑨ "혼자 떠난 제주도에서 나는 나를 만났다."

⑩ "10년 만에 그를 다시 만났을 때, 우리는 서로를 알아보지 못했다."

⑪ "딸이 태어난 날, 나는 비로소 엄마의 마음을 이해했다."

⑫ "이혼 서류에 도장을 찍는 순간, 나는 새로운 이름을 얻었다."

이 12개 문장을 쭉 읽어보라. 하나의 흐름이 보이는가? 독자가 끝까지 읽고 싶어질 것 같은가? 만약 어색한 부분이 있다면 지금 수정하라. 실제로 쓰기 전에 구조를 다듬는 게 나중에 시간을 아낀다.

기획 완성: 이제 당신은 준비되었다

이 챕터를 마치면서, 당신은 다음을 완성했다.

- 12개의 에세이 소재

- 각 소재의 감정 강도, 장면 선명도, 변화 크기

- 12편의 배치 순서

- 각 에세이의 첫 문장 (또는 핵심 주제)

이제 본격적으로 쓸 준비가 되었다. AI는 당신이 혼자 헤매지 않도록 질문을 던지고, 가능성을 제시하고, 객관적인 피드백을 주었다. 하지만 모든 결정은 당신이 했다. AI는 조력자일 뿐, 작가는 당신이다. Part 3에서는 실제로 어떻게 쓸 것인지, 첫 문장부터 마지막 문장까지 AI와 함께 완성하는 과정을 배운다. 기획이 탄탄하면 쓰기는 훨씬 쉽다. 당신은 이미 반은 완성했다.

03

거장의 기법 익히기

이제 HOW의 영역이다. 2400년 문학사가 검증한 작법의 정수를 배우고, AI
를 통해 즉시 적용한다. 복잡해 보이는 글쓰기 기술도 핵심은 단순하다. 구조
를 짜고, 장면을 그리고, 문장을 다듬고, 의미를 부여하는 것. 거장들의 지혜
와 AI의 도구를 결합하여 당신의 글에 생명을 불어넣는다.

거장의 이야기 건축술

아리스토텔레스식 3막 구조

명확한 구조로
안정감 부여

캠벨의 영웅 여정

시련과 성장으로
독자 공감 유도

셰익스피어의 갈등 엔진

갈등 심화로 긴장감 조성

헤밍웨이의 빙산 이론

감정 절제와 여백으로
상상력 자극

체호프의 총

불필요한 장식 제거와 복선 회수

프루스트의 감각 기억

오감 묘사로 생생한 몰입

CHAPTER 7

서사 구조의 원리

글쓰기에서 가장 먼저 해야 할 일은 구조를 잡는 것이다. 아무리 아름다운 문장도 구조 없이는 힘을 발휘하지 못한다. 집을 지을 때 기둥과 들보부터 세우듯, 글도 뼈대부터 만들어야 한다. 이번 장에서는 2400년 동안 검증된 네 가지 구조 원리를 배우고, 이것을 에세이에 어떻게 적용하는지 알아본다. 아리스토텔레스의 3막 구조, 조셉 캠벨의 영웅 여정, 셰익스피어의 갈등 엔진, 그리고 시간의 조작. 이 네 가지만 이해하면 당신의 이야기에 자연스러운 흐름이 생긴다.

7.1 아리스토텔레스의 3막 구조

기원전 335년, 아리스토텔레스는 『시학』에서 모든 이야기는 시작, 중간, 끝이 있어야 한다고 말했다. 너무나 단순해 보이지만, 이것이야말로 가장 강력한 구조다. 할리우드 영화든 베스트셀러 소설이든, 성공한 이야기는 모두 이 원칙을 따른다. 에세이도 예외가 아니다. 3막 구조의 황금 비율은

1:2:1이다. 5000자 에세이를 쓴다면 1막 1250자, 2막 2500자, 3막 1250
자로 나누는 것이 이상적이다. 물론 정확히 이 비율을 맞출 필요는 없다.
대략적으로 4분의 1, 2분의 1, 4분의 1이라고 생각하면 된다. 중요한 것
은 각 막이 제 역할을 하는가다.

1막: 평범한 일상과 촉발 사건 - 1막은 평범한 일상과 사건의 발생을 보
여준다. 독자에게 주인공(당신)이 누구인지, 어떤 삶을 살고 있었는지 소개
한다. 그리고 그 일상을 깨뜨리는 사건이 발생한다. 이 전환점을 '촉발 사
건'이라고 부른다. 해고 통보일 수도 있고, 이혼 서류일 수도 있고, 진단서
일 수도 있다. 중요한 것은 이 순간부터 주인공의 삶이 달라진다는 것이다.

2막: 갈등과 시련의 과정 - 2막은 갈등과 시련의 과정이다. 가장 긴 부분
이고, 가장 힘든 부분이다. 주인공은 문제를 해결하려고 애쓰지만 계속 실
패한다. 한 걸음 나아가면 두 걸음 물러난다. 통장 잔고는 줄어들고, 관계
는 악화되고, 몸과 마음은 지쳐간다. 독자는 이 과정에서 당신과 함께 고
통받고, 함께 좌절하고, 함께 버틴다. 이것이 바로 공감의 원천이다.

3막: 해결과 변화 - 3막은 해결과 변화를 보여준다. 주인공은 더 이상 1
막의 그 사람이 아니다. 무언가 배웠고, 무언가 얻었고, 무언가 잃었다. 이
변화가 명확해야 독자가 만족한다. "그래서 당신은 어떻게 달라졌나?"라
는 질문에 답하는 것이 3막의 임무다.

구조의 적용 예시 – 구조 없는 글을 보자.

나쁜 예: "회사에서 해고당했다. 힘들었다. 새 직장을 구했다. 지금은 괜찮다."

이것은 사건의 나열일 뿐이다. 해고와 재취업 사이에 무슨 일이 있었는지, 그 과정에서 당신이 어떻게 변했는지 전혀 보이지 않는다. 독자는 "그래서?"라고 되묻게 된다. 이제 같은 내용을 3막 구조로 다시 써보자.

좋은 예 (1막): "5년차 대리였다. 안정적인 월급, 예측 가능한 업무, 평범한 일상. 나는 이 회사에서 정년까지 일할 거라고 믿었다. 금요일 오후 4시, 인사팀장이 내 자리로 왔다. '잠깐 회의실로 가시죠.' 구조조정 통보였다. 5년이 30분 만에 정리됐다."

이것이 1막이다. 평범한 일상과 촉발 사건이 명확하다. 독자는 이제 궁금해진다. 그래서 어떻게 됐나?

좋은 예 (2막): "이력서를 50장 넣었다. 면접을 20번 봤다. 통장 잔고가 200만원이 됐다. 아내와 말다툼이 잦아졌다. '당신 대체 뭐하는 거야?' 새벽 편의점 알바를 시작했다. 대학 졸업 후 처음 하는 아르바이트였다. 40대 남자가 컵라면을 데우고 도시락을 돌리는 모습을 거울에서 봤다. 이게 내 인생인가 싶었다."

이것이 2막이다. 구체적인 숫자(50장, 20번, 200만원)가 현실감을 주고, 편의점 거울 장면이 주인공의 절망을 보여준다. 독자는 이제 더욱 궁금해한다. 이 사람이 어떻게 일어섰을까?

좋은 예 (3막): "마지막 면접이었다. 더 이상 떨어지면 아내를 볼 면목이 없

 AI와 함께 쓰는 자전적 에세이: 실전 가이드

었다. 면접관이 물었다. '경력 단절 6개월, 어떻게 보냈습니까?' 나는 대답했다. '해고가 제 인생 최고의 선물이었습니다. 그동안 기계처럼 일했는데, 이 시간 동안 제가 정말 하고 싶은 일이 무엇인지 깨달았습니다.' 그 회사에서 일한 지 3년이 지났다. 지금 나는 그 회사 대표다."

이것이 3막이다. 변화가 명확하다. 해고당한 대리가 대표가 되는 외적 변화보다 더 중요한 것은 내적 변화다. '해고가 선물'이라고 말할 수 있을 만큼 그는 달라졌다. 독자는 만족한다.

AI와 함께 3막 구조 잡기 - 이제 AI와 함께 당신의 이야기를 3막으로 나눠보자. 다음은 대화 예시다.

나: "내 이혼 이야기를 3막으로 나누고 싶어."

AI: "좋습니다. 먼저 핵심 전환점이 언제였는지 말씀해주세요. 이혼을 결심한 순간인가요, 서류를 제출한 날인가요, 아니면 혼자가 된 첫날인가요?"

나: "이혼 서류를 받은 날이 가장 충격이었어."

AI: "그럼 1막은 서류를 받기 전의 일상과 서류를 받는 그 순간, 2막은 이혼까지의 갈등과 결정 과정, 3막은 이혼 후 새로운 시작으로 구성하면 어떨까요? 각 막에서 가장 기억에 남는 장면 하나씩만 말씀해주시겠어요?"

이렇게 AI는 당신의 경험을 구조화하도록 돕는다. 중요한 것은 AI가 구조를 만들어주는 게 아니라 당신이 스스로 구조를 발견하도록 질문한다는 점이다. 전환점은 무엇이고, 갈등은 어떻게 전개됐고, 결말에서 당신은 어떻게 달라졌는가. 이 세 가지만 명확하면 나머지는 저절로 따라온다.

7.2 조셉 캠벨의 영웅 여정

1949년, 신화학자 조셉 캠벨은 『천의 얼굴을 가진 영웅』에서 놀라운 발견을 발표했다. 전 세계 모든 신화가 같은 패턴을 따른다는 것이었다. 그리스 신화의 오디세우스든 한국 신화의 주몽이든, 모든 영웅은 같은 여정을 겪는다. 이것을 '영웅의 여정'이라고 부른다. 조지 루카스는 이 이론으로 『스타워즈』를 만들었고, J.K. 롤링은 『해리 포터』를 썼다. 당신도 영웅이다. 암 진단을 받았든, 사업에 실패했든, 이혼을 했든, 당신은 평범한 세계에서 출발해 시련을 겪고 변화했다. 이것이 바로 영웅의 여정이다. 캠벨은 이 여정을 12단계로 나눴지만, 에세이에서는 너무 복잡하다. 우리는 6단계로 압축한다.

영웅 여정 6단계

① 평범한 세계: 주인공(당신)의 일상이다. 문제도 없고 특별할 것도 없는 평범한 삶. 독자에게 "나는 당신과 똑같은 평범한 사람이었다"고 말해주는 부분이다.

② 소명의 부름: 사건이 발생한다. 원하지 않았지만 피할 수 없는 상황에 처한다. 건강검진 재검 통보, 회사 구조조정, 아내의 이혼 통보. 이 순간부터 당신은 더 이상 평범한 세계에 머물 수 없다.

③ 시련의 길: 가장 고통스러운 구간이다. 항암 치료의 부작용, 구직의 연속된 실패, 홀로 지내는 밤들. 독자는 이 과정에서 당신의 고통을 느낀다. 여기서 포기하지 않는 것이 중요하다.

④ 심연: 바닥이다. 더 이상 내려갈 곳이 없는 최악의 순간. '더 이상 치료

법이 없습니다'라는 의사의 선고, '당신 같은 사람은 뽑을 수 없다'는 면접관의 말, '당신과는 더 이상 못 살겠다'는 배우자의 최후통첩. 이 순간이 가장 어둡지만, 동시에 가장 중요한 순간이다. 여기서 주인공은 결정적으로 변한다.

⑤ 보상: 심연을 통과한 자만이 얻는 것이 있다. 기적처럼 줄어든 종양, 예상치 못한 곳에서 온 채용 제안, 혼자여도 괜찮다는 깨달음. 이것은 외적 보상일 수도 있고 내적 깨달음일 수도 있다. 중요한 것은 이것을 얻기 위해 4단계가 필요했다는 점이다.

⑥ 귀환: 주인공은 원래 세계로 돌아오지만, 더 이상 예전의 그 사람이 아니다. 같은 회사에 다니지만 일에 대한 태도가 다르다. 같은 집에 살지만 삶을 대하는 자세가 다르다. 독자는 이 변화를 보며 "나도 할 수 있다"는 희망을 얻는다.

영웅 여정의 적용 예시 – 평면적인 서술을 보자.

나쁜 예: "암 진단받고 치료받고 나았다."

이것은 사실의 나열이다. 이제 영웅 여정으로 다시 써보자.

좋은 예 (1단계): "매일 아침 7시 출근하던 평범한 40대였다. 승진도 못 하지만 해고도 안 당하는, 회사의 중간 지대. 아내와 두 아이, 30년 대출로 산 아파트. 딱 그만큼의 삶이었다."

1단계 평범한 세계다. 독자는 자신의 모습을 본다.

좋은 예 (2단계): "건강검진 결과지에 '재검'이라는 빨간 글씨가 찍혀 있었다. 대수롭지 않게 병원에 갔다. 의사가 말했다. '선생님, 조직검사가 필요합니다.' 그 순간 머릿속이 하얘졌다. 의사의 입이 움직이는데 아무 소리도 들리지 않았다."

2단계 소명이다. 원하지 않았지만 피할 수 없는 여정의 시작이다.

좋은 예 (3단계): "항암 6개월. 처음엔 버틸 만했다. 둘째 달부터 머리카락이 베개에 남기 시작했다. 셋째 달엔 출근하다 지하철에서 쓰러졌다. 넷째 달엔 아내 앞에서 울었다. '미안해, 미안해'만 반복했다."

3단계 시련이다. 구체적인 시간(6개월)과 장면(지하철에서 쓰러짐)이 현실감을 준다.

좋은 예 (4단계): "다섯째 달, 의사가 차트를 보며 말했다. '더 이상 쓸 수 있는 항암제가 없습니다.' 아내 손이 내 손을 더 세게 쥐었다. 아, 이렇게 끝나는구나. 40년 인생이 이렇게 끝나는구나. 그날 밤 나는 아무에게도 알리지 않고 혼자 울었다."

4단계 심연이다. 가장 어두운 순간, 모든 것이 끝난 것 같은 순간이다.

좋은 예 (5단계): "2주 후 CT를 찍었다. 종양이 줄어들었다. 의사도 놀랐다. '기적이네요.' 기적? 아니다. 나는 매일 살고 싶다고 빌었다. 살게 해달라고 빌었다. 누구에게 빌었는지는 모르겠다. 그저 빌었다. 그게 기적이라면 기적이다."

5단계 보상이다. 외적 보상(종양 감소)과 내적 깨달음(간절함의 힘)이 함께 온다.

좋은 예 (6단계): "1년 후 회사에 복직했다. 같은 책상, 같은 컴퓨터, 같은 동료들. 하지만 나는 달랐다. 월요일 아침이 우울하지 않다. 야근이 힘들지 않다. 매일이 선물이다. 오늘 밤 잘 수 있고, 내일 아침 눈을 뜰 수 있다는 것. 이것이 얼마나 대단한 일인지 나는 안다."

6단계 귀환이다. 같은 세계로 돌아왔지만 주인공은 완전히 달라졌다.

AI와 함께 영웅 여정 그리기 - 이제 AI와 함께 당신의 영웅 여정을 그려보자.

나: "내 창업 실패 이야기를 영웅 여정으로 쓰고 싶어."

AI: "좋습니다. 먼저 질문 하나만 할게요. 창업 전 당신은 어떤 사람이었고, 실패를 겪고 난 후 어떻게 변했나요?"

나: "창업 전엔 안정을 추구하던 사람이었어. 실패 후엔 도전을 즐기게 됐어."

AI: "완벽합니다. 그 변화가 바로 영웅 여정의 핵심입니다. 이제 질문 하나 더 할게요. 그 변화가 일어난 가장 어두운 순간, 즉 심연은 언제였나요?"

나: "사무실 문 닫던 날. 직원들한테 마지막 월급 못 준다고 사과하던 순간."

AI: "그 순간을 중심으로 쓰면 됩니다. 그 전의 평범한 삶(1단계), 창업 결심(2단계), 어려움들(3단계), 사무실 문 닫는 날(4단계), 그 이후 얻은 것(5단계), 그리고 지금의 당신(6단계). 각 단계에서 하나씩만 구체적 장면을 떠올려보세요. AI는 구조를 제시하지만, 장면은 당신만 알고 있습니다."

영웅 여정의 힘은 보편성이다. 당신의 암 투병기는 당신만의 이야기지만,

영웅 여정이라는 구조 안에 담으면 암 경험이 없는 독자도 공감한다. 왜냐하면 모든 사람이 자기 인생에서 심연을 경험하고, 거기서 무언가를 얻어 돌아오기 때문이다. 이것이 바로 신화가 수천 년 동안 살아남은 이유다.

7.3 셰익스피어의 갈등 엔진

윌리엄 셰익스피어는 400년 전 사람이지만, 그가 만든 극은 지금도 전 세계에서 공연된다. 그 비결은 무엇일까? 갈등이다. 햄릿의 복수 고민, 로미오와 줄리엣의 금지된 사랑, 맥베스의 권력욕. 셰익스피어의 모든 작품에는 강력한 갈등이 있다. 갈등이 없으면 이야기가 없다. 문학 이론에는 여섯 가지 기본 갈등이 있다. 인간 대 인간, 인간 대 자연, 인간 대 사회, 인간 대 기술, 인간 대 운명, 그리고 인간 대 자기 자신. 에세이에서는 이 중 세 가지가 특히 효과적이다.

세 가지 핵심 갈등 유형

① 나 대 나: 내적 갈등이다. 해야 할 것과 하고 싶은 것의 싸움, 이성과 감정의 싸움, 과거의 나와 현재의 나의 싸움. 가장 깊이 있는 에세이는 대부분 이 갈등을 다룬다. "나는 아버지를 미워했다. 동시에 사랑했다. 이 모순을 어떻게 받아들여야 할까." 이런 내적 갈등은 독자의 마음을 움직인다.

② 나 대 타인: 관계 갈등이다. 부모와의 갈등, 배우자와의 갈등, 상사와의 갈등. 이것은 가장 구체적이고 생생한 갈등이다. 대화가 있고 행동이 있고 감정이 있다. "어머니가 말했다. '넌 왜 맨날 그 모양이냐.' 나는

대꾸하지 않았다. 대꾸하는 순간 싸움이 시작될 것을 알았다." 이런 장면은 독자가 그 자리에 있는 것처럼 느끼게 한다.

③ 나 대 시간/운명: 실존적 갈등이다. 늙어가는 것, 죽음을 앞둔 것, 기회를 놓친 것, 되돌릴 수 없는 것. "10년간 화해할 기회는 많았다. 명절마다, 생신마다. 나는 '다음에'라고 미뤘다. 아버지 임종 때 나는 해외 출장 중이었다. 공항에서 부음을 들었다." 이것은 가장 보편적인 갈등이다. 모든 사람이 시간과 싸우고 있기 때문이다.

갈등의 적용 예시 - 갈등 없는 에세이는 힘이 없다.

나쁜 예: "아버지가 돌아가셨다. 슬펐다."

이것은 사실이지만 이야기가 아니다. 슬픔이라는 감정만 있고 갈등이 없다. 이제 갈등을 넣어보자.

좋은 예 (관계 갈등): "아버지가 돌아가셨다. 장례식장에서 조문객들이 '좋은 분이셨다'고 말했다. 나는 고개를 끄덕였다. 거짓말이었다. 나에게 아버지는 좋은 분이 아니었다. 30년 동안 단 한 번도 '잘했다'는 말을 들어본 적이 없다. 대학 수석 졸업 때도, 대기업 입사 때도, 결혼 때도. 아버지는 그저 고개만 끄덕였다. 나는 인정받고 싶었다. 죽는 날까지 기다렸지만 끝내 듣지 못했다."

이것이 '나 대 아버지' 갈등이다. 관계 갈등이면서 동시에 내적 갈등이다. 아버지는 이제 없지만 갈등은 계속된다. 독자는 이 갈등에 공감한다. 왜냐하면 대부분의 사람들이 부모에게서 듣고 싶었던 말을 듣지 못하고 살기 때문이다.

갈등을 더 깊게 만들 수도 있다.

좋은 예 (시간 갈등 추가): "장례식이 끝나고 집에 돌아왔다. 아버지 서재를 정리하던 중 오래된 수첩을 발견했다. 아버지 필체로 빼곡히 적혀 있었다. '1995년 3월, 아들 대학 합격. 자랑스럽다.' '1999년 12월, 아들 대기업 입사. 다행이다.' '2005년 5월, 아들 결혼. 좋은 사위감이다.' 아버지는 매번 기록했다. 단 한 번도 내게 말하지 않았지만. 나는 수첩을 안고 울었다. 30년을 기다렸는데, 답은 서랍 속에 있었다."

이제 '나 대 시간' 갈등이 추가된다. 늦었다. 되돌릴 수 없다. 이 갈등이 독자의 마음을 아프게 한다.

AI와 함께 갈등 찾기 – AI와 함께 당신 이야기의 갈등을 찾아보자.

나: "내 이야기에 어떤 갈등을 넣어야 할까?"

AI: "먼저 질문하나 드릴게요. 당신이 가장 원했던 것과 실제로 얻지 못한 것은 무엇인가요?"

나: "아버지의 인정을 원했는데 끝내 못 받았어."

AI: "그것이 바로 갈등입니다. '나 대 아버지'의 관계 갈등이죠. 그런데 아버지가 이제 안 계신다면, 그 갈등은 '나 대 나'로 바뀝니다. '왜 그때 직접 물어보지 않았을까' 하는 자책이 생기거든요. 이 두 갈등을 모두 써보세요."

나: "둘 다 써야 해?"

AI: "아닙니다. 하나만 선택해도 됩니다. 하지만 두 갈등이 겹칠 때 이야기가 더 깊어집니다. 아버지를 향한 원망과 자신을 향한 자책, 이 둘이 동시에 존재하는 것이

인간입니다."

갈등을 찾는 가장 좋은 방법은 질문이다. 내가 원한 것은 무엇인가. 왜 얻지 못했는가. 누가 방해했는가. 나는 어떤 선택을 했는가. 그 선택이 옳았는가. 후회하는가. 이런 질문에 답하다 보면 자연스럽게 갈등이 드러난다. 갈등이 없는 인생은 없다. 다만 그것을 글로 꺼내지 않았을 뿐이다. 셰익스피어는 극작가였지만 그의 원리는 에세이에도 그대로 적용된다. 갈등이 있어야 독자가 집중한다. 갈등이 있어야 변화가 의미를 갖는다. 갈등이 있어야 당신의 이야기가 단순한 일기가 아닌 문학이 된다.

7.4 시간의 조작과 배치

영화 『메멘토』는 시간을 거꾸로 흘려보낸다. 『펄프 픽션』은 시간을 섞어놓는다. 『인셉션』은 시간을 압축하고 늘인다. 좋은 이야기는 시간을 조작한다. 에세이도 마찬가지다. 시간을 일직선으로 흘려보낼 필요가 없다. 오히려 시간을 자유롭게 다룰 때 더 강렬한 이야기가 탄생한다.

세 가지 시간 기법

① 플래시백: 현재에서 과거로 되돌아가는 것이다. 가장 안전하고 효과적인 기법이다. 현재의 어떤 장면이나 사물이 과거를 떠올리게 하는 트리거 역할을 한다. "손에 든 졸업사진을 보니 20년 전 그날이 떠올랐다." 이렇게 시작하면 자연스럽게 과거로 이동할 수 있다.

② 교차 편집: 과거와 현재를 번갈아가며 보여주는 것이다. 영화에서 자주 쓰는 기법인데, 에세이에서도 강력하다. 과거의 장면과 현재의 장면을

병치시키면 대비 효과가 생긴다. "그때는 이랬는데 지금은 이렇다"를 직접 말하지 않아도 독자가 느낀다.

③ 시간 압축: 10년을 한 문장으로, 1시간을 한 페이지로. 중요한 것은 길게, 중요하지 않은 것은 짧게. 영화의 몽타주 기법처럼, 시간을 자유롭게 늘이고 줄일 수 있다. "그 후 10년이 흘렀다. 아무 일도 일어나지 않았다." 이 한 문장으로 10년을 건너뛸 수 있다.

시간 조작의 적용 예시 - 단선적인 시간 배치를 보자.

나쁜 예: "2010년 결혼했다. 2015년 첫째 아이가 태어났다. 2020년 둘째가 태어났다. 2024년 지금, 나는 행복하다."

이것은 연표다. 이야기가 아니다. 이제 시간을 조작해보자.

좋은 예 (플래시백): "2024년 크리스마스 이브, 아이들이 트리를 장식한다. 일곱 살 첫째가 별 장식을 들고 말한다. '아빠, 이거 제일 꼭대기에 달아야 해.' 그 별을 보는 순간 나는 2010년으로 돌아간다."

플래시백의 시작이다. 현재(2024)에서 과거(2010)로 자연스럽게 이동한다. 트리거는 '별 장식'이다.

좋은 예 (과거 장면): "신혼집 첫 크리스마스였다. 원룸 6평. 우리는 90센티미터짜리 작은 트리를 샀다. 당신이 골드 별 장식을 골랐다. '우리 나중에 큰 집 가면, 큰 트리에 이 별 달자.' 나는 웃으며 고개를 끄덕였다. 그때는 몰랐다. 그 '나중에'가 14년이 걸릴 줄."

과거 장면이다. 구체적이다. 원룸 6평, 90센티 트리, 골드 별. 숫자가 현실 감을 준다.

좋은 예 (시간 압축): "2015년, 첫째가 태어났다. 트리는 여전히 90센티였 다. 2020년, 둘째가 태어났다. 트리는 그대로였다. 2023년, 드디 어 아파트를 샀다. 180센티 트리를 샀다. 당신이 말했다. '그 별 어 디 있지?' 우리는 짐 박스 속에서 14년 된 별을 찾았다. 먼지를 닦 았다. 아직도 반짝였다."

시간 압축이다. 2015년부터 2023년까지 8년을 몇 문장으로 압축했다. 중요한 것(별 장식)만 언급하고 나머지는 건너뛴다.

좋은 예 (현재로 귀환): "2024년 지금, 일곱 살 첫째가 그 별을 손에 들고 있 다. '아빠, 이거 언제 산 거야?' '너 태어나기 전이야. 엄마랑 아빠 랑 둘이 살 때.' 아이는 이해하지 못한다. 엄마 아빠가 둘이서만 살 았던 때를. 하지만 언젠가 이해할 것이다. 이 별 하나에 담긴 14년 의 무게를."

현재로 돌아왔다. 순환 구조다. 별 장식으로 시작해서 별 장식으로 끝난다. 이 짧은 에세이 안에 플래시백, 시간 압축, 순환 구조가 모두 들어 있다. 단순히 2010년부터 2024년까지 순서대로 쓴 것보다 훨씬 강렬하다. 왜 일까? 현재와 과거가 대비되기 때문이다. 6평 원룸의 작은 트리와 아파트 의 큰 트리, 둘이서 살던 때와 넷이 사는 지금, 그 대비가 변화를 생생하게 보여준다.

교차 편집 예시 – 교차 편집을 써보자.

현재 장면: "아버지 임종. 2023년 10월 15일 새벽 3시. 병실은 조용했다. 인공
호흡기 소리만 규칙적으로 들렸다. 나는 아버지 손을 잡았다. 차가웠다."

과거 장면: "1993년 봄. 초등학교 6학년. 아버지가 내 손을 잡고 놀이공
원에 갔다. 아버지 손은 크고 따뜻했다. '아빠, 바이킹 타고 싶어.'
'그래, 타자.'"

과거 장면이다. 현재의 '차가운 손'과 대비된다.

현재로: "병실. 아버지 손이 더 차가워졌다. 의사가 들어왔다. '이제 얼마
안 남았습니다.' 나는 고개를 끄덕였다. 말이 나오지 않았다."

과거로: "놀이공원. 바이킹을 탔다. 무서웠다. 나는 아버지 손을 꽉 잡았다.
'괜찮아, 아빠가 잡고 있어.' 아버지가 웃었다. 그 웃음이 기억난다."

현재로 귀환: "병실. 아버지가 눈을 떴다. 나를 봤다. 뭔가 말하려는 것 같았
다. 나는 더 가까이 다가갔다. 아버지 입술이 움직였다. 소리는 나오
지 않았다. 하지만 나는 알았다. '괜찮아.' 아버지가 그렇게 말하고 있
었다. 이제는 내가 아버지 손을 잡아줄 차례였다."

마지막 현재 장면이다. 과거의 '아빠가 잡고 있어'와 현재의 '내가 잡아줄
차례'가 대응된다. 역할이 바뀌었다. 이것이 교차 편집의 힘이다.

AI와 함께 시간 배치 연습하기 – AI와 함께 시간 배치를 연습해보자.

나: "내 이야기를 단순히 시간 순서대로 쓰고 싶지 않아."

AI: "좋습니다. 그럼 가장 강렬한 순간이 언제였나요? 시작도, 끝도 아닌, 한가운데의

　　　어떤 순간."

　　나: "이혼 서류에 도장 찍던 순간."

　　AI: "거기서 시작하세요. 그 장면을 먼저 보여주고, 그다음 '6개월 전으로 돌아가면...'이라고 플래시백하세요. 독자는 결말을 이미 알지만, 그 과정이 궁금해집니다."

　　나: "결말을 먼저 보여주면 재미없지 않아?"

　　AI: "아닙니다. 영화 『타이타닉』도 배가 침몰하는 걸 모두가 아는데 재미있잖아요. 중요한 것은 결말이 아니라 과정입니다. 어떻게 그 지점에 도달했는가가 이야기입니다."

시간은 직선이 아니다. 기억은 무작위로 떠오르고, 과거와 현재는 항상 겹쳐 있다. 글도 그렇게 써야 자연스럽다. 2010년부터 2024년까지 일직선으로 달리지 마라. 2024년에 서서 2010년을 돌아보고, 다시 2015년으로 갔다가, 2024년으로 돌아와라. 독자는 그 여행을 함께하며 당신의 인생을 경험한다.

구조는 뼈대다

구조는 뼈대다. 뼈대가 튼튼해야 살을 붙일 수 있다. 아리스토텔레스의 3막, 캠벨의 영웅 여정, 셰익스피어의 갈등, 시간의 조작. 이 네 가지가 당신 이야기의 뼈대가 된다. 복잡해 보이지만 실제로는 간단하다. 시작-중간-끝, 평범-시련-변화, 갈등, 시간 배치. 이것만 기억하면 된다. 이제 다음 장에서는 이 뼈대 위에 어떻게 살을 붙이는지, 문장과 장면을 어떻게 만드는지 배운다. 구조가 있으면 나머지는 저절로 따라온다.

CHAPTER 8

문장과 장면의 기술

구조를 잡았으면 이제 살을 붙일 차례다. 문장과 장면. 이것이 독자가 실제로 읽는 것이다. 아무리 훌륭한 구조도 문장이 지루하면 소용없다. 아무리 강렬한 갈등도 장면으로 그려지지 않으면 전달되지 않는다. 이번 장에서는 세 명의 거장에게서 배운다. 헤밍웨이의 빙산 이론, 체호프의 총 법칙, 프루스트의 감각 기억. 그리고 이 모든 것을 활용해 장면을 만드는 법을 익힌다. 이것은 기교가 아니다. 명확하게 전달하는 기술이다.

8.1 헤밍웨이의 빙산 이론

어니스트 헤밍웨이는 말했다. "빙산의 8분의 7은 물속에 잠겨 있다. 글도 그래야 한다." 보여주는 것은 1/9, 숨기는 것은 8/9. 독자는 보이는 부분을 읽으면서 보이지 않는 부분을 상상한다. 그 상상이 더 강력하다. 설명하는 글을 보자.

나쁜 예: "어머니와 나는 사이가 나빴다. 어머니는 나를 이해하지 못했고, 나도 어머니를 이해할 수 없었다. 우리는 자주 싸웠다."

감정을 직접 말한다. '사이가 나빴다', '이해하지 못했다', '자주 싸웠다'. 이것은 보고서다. 독자는 "그래서?"라고 묻는다. 구체적인 것이 없다. 장면이 없다. 그저 사실의 나열이다.

이제 빙산 이론을 적용해보자.

좋은 예: "어머니가 끓인 미역국을 앞에 두고 우리는 마주 앉았다. 생일마다 같은 자리, 같은 미역국. '잘 먹겠습니다.' 나는 국을 떴다. 어머니는 창밖을 보았다. 30년째 같은 장면이었다."

'사이가 나쁘다'는 말이 없다. 하지만 독자는 안다. 생일인데 대화가 없다. 어머니는 창밖을 본다. 30년째 같은 장면. 이 모든 것이 관계의 냉랭함을 보여준다. 말하지 않았지만 전달됐다. 이것이 빙산 이론이다.

감정 단어를 쓰지 마라 – 핵심은 감정 단어를 쓰지 않는 것이다. '슬프다, 화나다, 미워하다' 같은 직접적 표현을 피하라. 대신 행동과 사물을 보여 줘라. 독자가 스스로 감정을 느끼게 하라. 예를 들어 보자. "나는 화가 났다"는 약한 문장이다. 헤밍웨이라면 이렇게 썼을 것이다. "나는 담배를 입에 물었다. 불을 붙이지 않았다. 그냥 물고 있었다. 담배가 침에 젖었다." 화가 났다는 말이 없다. 하지만 독자는 느낀다. 담배를 물고만 있는 행동, 불을 붙이지 않는 것, 침에 젖도록 두는 것. 이 모든 것이 내적 긴장을 보여준다.

빙산 이론의 또 다른 예를 보자. 부부 갈등을 쓴다고 하자.

나쁜 예: "남편과 나는 싸웠다. 그는 나를 무시했다."

좋은 예: "남편이 귀가했다. '저녁 먹었어?' 내가 물었다. '응.' 그는 대답했다. 신발을 벗고 안방으로 들어갔다. 문이 닫혔다."

두 번째가 훨씬 강하다. '싸웠다', '무시했다'는 말이 없지만 독자는 느낀다. 최소한의 대화, 닫히는 문. 이것만으로 충분하다.

AI와 함께 빙산 이론 연습하기 – AI와 함께 빙산 이론을 연습해보자.

나: "감정을 직접 쓰지 않고 표현하고 싶어."

AI: "좋습니다. 그 감정이 드러나는 행동이나 디테일은 무엇인가요? 예를 들어 슬플 때 당신은 무엇을 하나요?"

나: "화날 때 나는 볼펜을 딸깍거려."

AI: "완벽합니다. '화가 났다' 대신 '볼펜이 딸깍거렸다. 열 번, 스무 번, 부러질 때까지'라고 써보세요. 행동이 감정을 말합니다."

이것이 핵심이다. 당신의 감정 습관을 찾아라. 긴장하면 손톱을 물어뜯는가? 슬프면 천장을 보는가? 기쁘면 빠른 걸음으로 걷는가? 그 행동을 써라. 감정은 쓰지 마라.

메타 프롬프트 활용 – 메타 프롬프트를 활용해보자.

나: "빙산 이론을 연습할 수 있는 방법을 알려줘."

AI: "일주일간 일기를 쓰되, 감정 단어(슬프다, 기쁘다, 화났다, 외롭다 등)를 일절 쓰지 마세요. 대신 그날의 구체적 행동과 사물만 기록하세요. '슬펐다' 대신 '혼자 저녁을 먹었다. 밥 한 공기, 김치 세 쪽'. 이렇게요. 일주일 후 다시 읽으면 감정 단어 없이도 그날의 기분이 느껴질 겁니다."

빙산 이론은 억제의 미학이다. 적게 말할수록 많이 전달된다. 독자를 신뢰하라. 독자는 당신이 생각하는 것보다 훨씬 영리하다.

8.2 체호프의 총 법칙

러시아 작가 안톤 체호프는 말했다. "1막에 벽에 걸린 총이 나오면, 3막에는 그 총이 발사되어야 한다." 불필요한 디테일을 쓰지 마라. 쓴 디테일은 반드시 사용하라. 이것이 체호프의 총 법칙이다. 총이 발사되지 않는 글을 보자.

나쁜 예: "할머니 집 벽에는 낡은 시계가 있었다. 멈춰 있었다. 할머니는 된장찌개를 끓였다. 맛있었다."

시계가 나왔다. 멈춰 있다는 것도 언급했다. 하지만 그다음? 아무 일도 안 일어난다. 된장찌개 이야기로 넘어간다. 독자는 혼란스럽다. '시계는 왜 나온 거지?' 의문이 생긴다. 시계는 발사되지 않은 총이다.

이제 총을 발사해보자.

좋은 예: "할머니 집 벽의 시계는 2시 30분에 멈춰 있었다. '할아버지 돌아가신 시각이야.' 할머니가 말했다. 5년 후 할머니도 같은 시각에 숨을 거두셨다. 그 시계는 두 번의 이별을 기억한다."

이제 시계가 의미를 갖는다. 단순한 배경 소품이 아니다. 이야기의 핵심이다. 2시 30분이라는 구체적 시간이 나오고, 할아버지의 죽음과 연결되고,

나중에 할머니도 같은 시각에 돌아가신다. 시계는 두 번 발사됐다. 독자는 이 시계를 잊지 못한다.

양방향의 법칙 – 체호프의 법칙은 양방향이다.

① 중요한 것은 미리 깔아둬라: 3막에서 갑자기 총이 등장하면 안 된다. 1막에서 보여줘라.

② 깔아둔 것은 반드시 사용하라: 사용하지 않을 거면 처음부터 쓰지 마라.

실제 적용 예시 – 실제 적용 예를 보자. 아버지와의 마지막 대화를 쓴다고 하자.

나쁜 예: "아버지와 마지막 대화를 나눴다. 병실은 조용했다. 아버지는 힘들어 보였다. 나는 손을 잡았다."

평범하다. 기억에 남지 않는다.

좋은 예: "아버지 침대 옆 탁자에 빨간 사과 하나가 있었다. 깎지 않은 채로. '먹어.' 아버지가 말했다. '나중에요.' 나는 대답했다. 아버지는 눈을 감았다. 다음 날 아침 아버지는 돌아가셨다. 그 사과는 그대로였다. 나는 깎지도, 먹지도 못했다. 지금도 냉장고에 사과가 있으면 울컥한다."

사과라는 총이 발사됐다. 단순한 과일이 아니다. 아버지의 마지막 말("먹어")과 내 대답("나중에")을 담고 있다. 그 '나중'은 오지 않았다. 사과는 후회의 상징이 됐다. 지금도 사과를 볼 때마다 그날이 떠오른다. 독자는 이 사과를 기억한다.

디테일 점검 방법 – 체호프의 법칙을 확인하는 방법은 간단하다. 글을 다 쓴 후 각 디테일을 점검하라. "이것을 빼면 이야기가 달라지는가?" 답이 "아니오"면 삭제하라.

AI와 함께 점검해보자.

나: "내 글에 불필요한 디테일이 있는지 점검하고 싶어."

AI: "각 디테일에 이렇게 물어보세요. '이것을 빼면 이야기가 달라지는가?' 예를 들어 '파란 하늘'이라고 썼다면, 그 하늘이 나중에 다시 언급되거나 분위기에 영향을 주나요?"

나: "그냥 배경 묘사로 넣은 건데... 빼도 똑같을 것 같아."

AI: "그럼 과감히 삭제하세요. 독자는 필요한 것만 기억합니다. 불필요한 디테일은 집중을 흐트립니다. '파란 하늘'을 쓰려면 나중에 '먹구름'으로 변하거나, '파란 하늘만큼 맑았던 그날'처럼 다시 연결되어야 합니다."

체호프의 법칙을 지키면 글이 단단해진다. 모든 문장이 이유가 있고, 모든 디테일이 목적이 있다. 독자는 이런 글을 신뢰한다. "작가가 왜 이걸 썼을까?" 궁금해하며 집중한다. 그리고 나중에 그 이유를 발견하면 무릎을 친다. "아, 그래서!" 이것이 독서의 쾌감이다.

8.3 프루스트의 감각 기억

마르셀 프루스트는 『잃어버린 시간을 찾아서』를 마들렌 과자 한 조각으로 시작한다. 홍차에 적신 마들렌을 입에 넣는 순간, 화자는 어린 시절로 돌아간다. 냄새와 맛이 기억의 문을 연 것이다. 이것을 '프루스트 효과'라고 부른다. 감각이 기억을 불러온다. 에세이는 과거를 쓴다. 과거를 생생하게 만드는 가장 강력한 도구는 감각이다. 시각, 청각, 후각, 미각, 촉각. 특히 후각과 미각은 기억과 직접 연결돼 있다. 냄새를 맡는 순간 20년 전으로 돌아간다.

감각의 힘 - 감각 없는 글을 보자.

나쁜 예: "어린 시절이 그립다."

추상적이다. 공허하다. 독자는 아무것도 느끼지 못한다. 어떤 어린 시절인지 알 수 없다.

이제 감각을 더해보자.

좋은 예: "빨간 몽땅연필 냄새를 맡으면 초등학교 2학년 교실로 돌아간다. 나무 냄새와 흑연 냄새가 섞인 그것. 연필을 깎으며 떨어지는 나무 부스러기, 손끝에 묻는 연필 가루. 갑자기 담임선생님의 '받아쓰기 시작' 소리가 들린다."

이제 생생하다. 후각(연필 냄새), 시각(빨간색, 나무 부스러기), 촉각(손끝의 연필 가루), 청각(선생님 목소리). 네 가지 감각이 동원됐다. 독자는 그 교실에 있다. 몽땅연필을 본 적 없는 젊은 독자도 그 장면을 상상한다. 이것이 감각의 힘이다.

구체적으로 써라 - 감각을 쓸 때 원칙이 있다. 구체적이어야 한다. '좋은 냄새'는 약하다. '무슨 냄새'인지 써라. '시끄러웠다'는 약하다. '무슨 소리'인지 써라.

예를 들어 보자.

 | AI와 함께 쓰는 자전적 에세이: 실전 가이드

약한 예: "병원 냄새가 났다."

조금 나은 예: "소독약 냄새가 복도 끝까지 번졌다."

강한 예: "알코올과 과산화수소가 섞인 냄새. 코를 찔렀다. 숨을 얕게 쉬었다."

세 번째가 가장 강하다. 구체적이고, 신체 반응('코를 찔렀다', '얕게 쉬었다')까지 포함한다.

감각은 시간 여행의 통로 – 감각은 시간 여행의 통로다. 현재에서 과거로 자연스럽게 넘어가는 방법이다.

"2024년 가을. 거리를 걷다가 군고구마 냄새를 맡았다. 순간 1995년 겨울로 돌아갔다. 학교 앞 노점. 할머니가 구운 고구마. 호호 불며 먹던 그것. 손이 뜨거웠다. 입김이 하얗게 나왔다."

군고구마 냄새가 트리거다. 29년 전으로 순식간에 이동한다. 독자도 함께 간다.

모든 감각을 다 쓸 필요는 없다. 하나만 강하게 써도 된다. 하지만 가능하면 두세 개를 조합하라. 시각+청각, 후각+촉각, 청각+신체감각. 이렇게 조합하면 입체적이 된다.

AI와 함께 감각 찾기 – AI와 함께 감각을 찾아보자.

나: "과거를 생생하게 쓰고 싶어."

AI: "그 순간의 냄새가 무엇이었나요?"

나: "기억 안 나는데…"

AI: "괜찮습니다. 그럼 소리는요? 창밖 소리, 발자국 소리, 누군가의 숨소리?"

나: "아, 선풍기 소리! 위잉 하는 소리."

AI: "완벽합니다. 거기서 시작하세요. '선풍기가 위잉 돌던 여름, 1985년. 나는…' 소리가 기억의 문을 열었습니다. 이제 다른 감각도 떠오를 겁니다. 더운 날씨(촉각), 땀 냄새(후각), 하얀 블라우스(시각)."

감각은 연쇄반응을 일으킨다. 하나를 기억하면 다른 것도 따라온다. 선풍기 소리를 기억하니 그날의 더위, 땀, 옷까지 기억난다. 이것이 프루스트가 발견한 원리다.

감각을 연습하는 방법이 있다. 지금 이 순간의 감각을 기록하라. 무엇이 보이는가? 무슨 소리가 들리는가? 어떤 냄새가 나는가? 매일 한 가지씩 기록하라. 한 달 후 그 기록을 읽으면 그날로 돌아간다. 감각이 시간을 보존한다.

8.4 장면 만들기

구조, 갈등, 시간 배치를 배웠다. 빙산 이론, 총 법칙, 감각 기억도 배웠다. 이제 이 모든 것을 하나로 합쳐 장면을 만든다. 장면은 에세이의 기본 단위다. 좋은 에세이는 좋은 장면들의 연결이다.

슬로모션 기법 – 장면이 없는 글을 보자.

나쁜 예: "아버지가 쓰러졌다."

사건만 있다. 장면이 없다. 독자는 아무것도 보지 못한다. 순식간에 지나간다.

이제 장면을 만들어보자. 슬로모션 기법을 사용한다. 중요한 순간을 최대한 늘린다. 0.5초를 10문장으로 확장한다.

좋은 예: "아버지의 젓가락이 먼저 떨어졌다. 쇳소리가 났다. 그다음 왼손이 가슴을 짚었다. 와이셔츠 둘째 단추 위치. 눈이 크게 떠졌다가 감겼다. 의자가 뒤로 밀렸다. 몸이 왼쪽으로 기울었다. 나는 일어서다가 얼어붙었다. 1초인지 10초인지. 아버지가 바닥에 닿는 소리에서야 정신이 들었다."

이제 장면이다. 독자는 본다. 젓가락, 손, 눈, 의자, 몸. 순서대로 포착된다. 시간이 느려진다. 1초가 영원처럼 느껴진다. 이것이 슬로모션 기법이다. 중요한 순간일수록 느리게 써라. 사소한 순간일수록 빠르게 넘겨라. 영화 편집처럼 생각하라. 클라이맥스는 슬로모션, 일상은 빨리 감기.

행동의 분해 – 슬로모션을 만드는 비결은 분해다. 하나의 행동을 여러 단계로 쪼개라.

단순: "그가 떠났다." → 하나의 행동

분해: "그가 일어섰다. 가방을 들었다. 문으로 걸어갔다. 손잡이를 잡았다. 돌아보지 않았다. 문이 열렸다. 닫혔다." → 일곱 단계로 분해

분해하면 느려진다. 느려지면 감정이 증폭된다. 독자는 긴장한다. "다음엔 뭐지?" 호흡을 멈춘다.

디테일의 누적 – 장면을 만드는 또 다른 기법은 디테일의 누적이다. 여러 개의 작은 디테일을 차곡차곡 쌓는다.

일반적: "병실은 조용했다."

디테일 누적: "병실은 조용했다. 복도에서 간호사의 발소리가 들렸다. 멀어졌다. 인공호흡기가 규칙적으로 숨을 쉬었다. 아버지 손등의 링거 바늘. 파란 정맥이 울퉁불퉁했다. 창밖에서 까마귀가 울었다."

두 번째가 훨씬 생생하다. 발소리, 인공호흡기, 링거 바늘, 정맥, 까마귀. 작은 디테일들이 모여 장면을 만든다.

주의할 점이 있다. 과하게 쓰지 마라. 슬로모션은 중요한 순간에만 쓴다. 모든 장면을 느리게 쓰면 독자가 지친다. 에세이 하나에 슬로모션 장면은 2-3개면 충분하다.

AI와 함께 장면 만들기 – AI와 함께 장면을 만들어보자.

나: "중요한 순간을 길게 늘려 쓰고 싶어."

AI: "영화의 슬로모션처럼, 0.5초씩 끊어서 묘사해보세요. 그 순간을 최대한 여러 단계로 쪼개세요."

나: "어떻게?"

AI: "주인공의 시선이 포착하는 순서대로 써보세요. 예를 들어 '그녀가 떠났다'를 쓴다면: 1) 그녀가 일어섰다 2) 의자가 소리를 냈다 3) 가방을 들었다 4) 어깨에 멨다 5) 나를 봤다 6) 눈을 피했다 7) 돌아섰다 8) 문으로 걸었다 9) 손잡이를 잡았다 10) 문이 열렸다 11) 그녀가 나갔다 12) 문이 닫혔다. 이렇게 12단계로 분해하세요."

장면을 만드는 연습을 하자. 오늘 당신에게 일어난 일 중 하나를 골라라.

평범한 것도 괜찮다. 커피를 마신 것, 버스를 탄 것, 누군가와 눈이 마주친 것. 그것을 슬로모션으로 써라. 1분을 1페이지로. 가능한가? 가능하다. 연습하면 된다.

예상을 깨는 장면– 장면 만들기의 마지막 비결은 예상을 깨는 것이다. 독자가 예상하는 것을 주지 마라.

예상대로: "아버지가 돌아가셨다. 나는 울었다."

예상을 깸: "아버지가 돌아가셨다. 나는 울지 못했다. 눈물이 안 나왔다. 이틀 동안 꼼짝 않고 앉아 있었다. 물도 안 마셨다. 셋째 날 화장실 거울에서 내 얼굴을 봤다. 그때 무너졌다."

두 번째가 더 강하다. 왜? 독자는 '당연히 울었겠지' 생각한다. 하지만 울지 못했다. 이 반전이 독자를 깨운다. 장면은 예상을 배반할 때 빛난다.

기술을 넘어 예술로

문장과 장면, 이것이 당신의 글을 완성한다. 헤밍웨이처럼 숨겨라. 체호프처럼 발사하라. 프루스트처럼 냄새를 맡게 하라. 그리고 슬로모션으로 중요한 순간을 포착하라. 이 기법들은 어려워 보이지만 실은 간단하다. 설명하지 말고 보여주고, 불필요한 것은 빼고, 감각을 동원하고, 중요한 순간을 늘려라. 이것만 기억하면 된다. 다음 장에서는 이 모든 기법 위에 당신만의 목소리를 얹고, 개인적 경험을 보편적 이야기로 확장하는 법을 배운다. 기술을 넘어 예술로 나아간다.

CHAPTER 9

목소리와 의미 부여

구조를 잡고 장면을 그렸다면, 이제 가장 중요한 질문이 남았다. "이 글은 누가 쓴 것인가?" 목소리다. 당신만의 목소리. 1만 명이 같은 이야기를 써도 당신의 글은 다르다. 문장 길이가 다르고, 단어 선택이 다르고, 호흡이 다르다. 이것이 문체다. 문체는 만드는 게 아니라 발견하는 것이다. 당신 안에 이미 있다. 이번 장에서는 그것을 끄내고, 일관되게 유지하고, 과하지 않게 조절하는 법을 배운다. 그리고 당신의 개인적 경험을 보편적 이야기로 확장하고, 독자에게 여운을 남기는 법도 함께 본다.

9.1 문체의 일관성 유지

문체는 공식이 아니다. 하지만 세 가지 요소로 이루어진다. 문장 길이, 어휘 선택, 호흡. 이 세 가지가 일관되면 문체가 생긴다. 헤밍웨이를 보자. "해가 떴다. 바다가 보였다. 낚시를 했다." 짧은 문장, 단순한 동사, 빠른 호흡. 이것이 헤밍웨이 문체다. 반대로 프루스트를 보자. 한 문장이 한 페이지를 채운다. 쉼표와 세미콜론이 이어지고, 생각이 꼬리에 꼬리를 문다. 느린 호흡. 이것이 프루스트 문체다. 당신은 어느 쪽에 가까운가? 짧은 문장을 선호하는가, 긴 문장을 선호하는가? 정답은 없다. 중요한 것은 일관성이다. 한 문단에서 헤밍웨이처럼 쓰다가 다음 문단에서 프루스트처럼 쓰면 독자가 혼란스럽다. "이거 같은 사람이 쓴 게 맞나?" 의심하게 된다.

일관성의 중요성 – 일관성 없는 글을 보자.

나쁜 예: "나는 슬펐다. 비가 내리고 있었는데 그 빗방울들이 마치 하늘이 우는 것 같았어. 엄마 gone. 헉헉."

첫 문장은 담담하다. 두 번째 문장은 갑자기 감성적이고 길어진다. 세 번째는 영어를 섞는다. 네 번째는 의성어다. 한 문단 안에 네 가지 톤이 섞였다. 이제 일관성을 잡아보자.

좋은 예: "나는 슬펐다. 비가 내렸다. 빗방울이 유리창을 두드렸다. 엄마가 떠난 지 사흘째였다."

모든 문장이 비슷한 길이다. 짧고 건조하다. 감정을 직접 쓰지 않는다. 비, 빗방울, 유리창이라는 구체적 사물만 나열한다. 이것이 이 필자의 문체다. 독자는 이 패턴을 익히고, 다음 문장도 이렇게 올 거라고 예상한다. 그 예상이 충족되면 몰입이 깊어진다.

문체의 세 가지 축 – 문체를 일관되게 유지하는 비결은 세 가지 축을 파악하고 지키는 것이다.

① 문장 길이: 당신의 평균 문장 길이를 파악하라. 한 문장에 몇 개의 어절이 들어가는가? 대략 10개 이하면 짧은 문장 스타일이다. 20개 이상이면 긴 문장 스타일이다. 어느 쪽이든 괜찮다. 하지만 한 에세이 안에서 일관되게 유지하라. 자신의 문장 길이를 모르겠다면 최근 쓴 글 한 단락을 세어보라. 문장 5개를 골라서 어절 수를 센다. 평균을 낸다. 그것이 당신의 기본 리듬이다. 앞으로는 그 리듬을 의식적으로 유지하라. 갑자기 두 배로 긴 문장을 쓰지 마라. 갑자기 반으로 짧은 문장을 쓰지도 마라.

② 어휘 선택: 한자어를 많이 쓰는가, 순우리말을 선호하는가? "부친이 사망했다"와 "아버지가 돌아가셨다"는 같은 내용이지만 완전히 다른 느낌이다. 전자는 거리감이 있고, 후자는 친밀하다. 어느 쪽을 선택했든, 글 전체에서 그 톤을 유지하라. 갑자기 "부친"이라고 썼다가 "아빠"라고 쓰면 독자가 당황한다.

더 중요한 것이 있다. 절대 쓰지 말아야 할 표현을 정해두는 것이다. 예를 들어 "~것이다", "~라고 할 수 있다", "필자", "독자 여러분" 같은 표현. 이런 표현이 당신 문체에 맞지 않는다면 리스트를 만들어라. 3-5개면 충분하다. 쓰다가 이 표현이 나오면 즉시 바꿔라.

반대로 자주 쓰고 싶은 표현도 정해두라. "그날", "그래서", "아직", "조금" 같은 단어들. 당신이 편하게 느끼는 단어들. 이것도 3-5개면 충분하다. 의식적으로 자주 쓰라. 그러면 당신만의 어휘 패턴이 생긴다.

③ 호흡: 문장과 문장 사이의 간격, 단락과 단락 사이의 리듬. 빠르게 몰아치는가, 천천히 호흡하는가? "비가 왔다. 그쳤다. 다시 왔다." 이것은 빠른 호흡이다. "비가 내리기 시작했고, 잠시 그쳤다가, 다시 강하게 쏟아졌다." 이것은 느린 호흡이다. 어느 쪽이든 좋다. 섞지만 마라.

호흡은 문장 길이와 연결된다. 짧은 문장은 빠른 호흡을 만든다. 긴 문장은 느린 호흡을 만든다. 어떤 호흡을 선택했든, 중요한 순간에만 바꿔라. 평소엔 짧게 쓰다가 클라이맥스에서만 길게 쓰거나 반대로. 이 변화가 극적 효과를 낸다. 하지만 무작위로 섞으면 독자가 숨을 못 쉰다.

나만의 문체 체크리스트 – 문체를 복잡하게 만들 필요 없다. A4 반 페이지면 충분하다. 다음 5가지만 정리하라.

① 내 문장 길이: • 짧다 (10어절 이하) / 보통 (10-20어절) / 길다 (20어절 이상) • 예: "나는 짧은 문장을 선호한다. 한 문장에 10어절을 넘기지 않는다."

② 내 어휘 성향: • 쉬운 말 위주 / 섞어 쓴다 / 문학적 표현 선호 • 예: "나는 한자어를 최소화한다. 순우리말을 선호한다."

③ 절대 안 쓸 표현 3가지: • 예: ~것이다, ~라고 할 수 있다, 필자 • 이것만 피해도 문체가 깔끔해진다.

④ 자주 쓰고 싶은 표현 3가지: • 예: 그날, 그래서, 아직 • 이것을 의식적으로 반복하면 당신만의 색깔이 생긴다.

⑤ 내 감정 표현 방식: • 직접 쓴다 (슬펐다, 기뻤다) / 우회한다 (장면으로

보여준다) / 섞어 쓴다 • 예: "나는 감정을 직접 쓰지 않는다. 행동으로
보여준다."

이 5가지만 기억하고 쓰면 된다. 더 복잡하게 만들지 마라. 작가 지망생도
아니고, 문학상을 노리는 것도 아니다. 당신은 그저 12편의 에세이를 완
성하려는 것이다. 이 정도면 충분하다.

AI와 함께 점검하기 – 문체 체크리스트를 만들었으면 AI에게 알려줘라.
그러면 AI가 당신 문체를 지키도록 도와준다.

> 나: "내 문체가 일관성이 있는지 확인하고 싶어. 내 스타일은 짧은 문장, 순우리말 위
> 주, '~것이다' 같은 표현은 안 써."
>
> AI: "알겠습니다. 두 개 단락을 보여주세요. 그 기준으로 점검할게요."
>
> 나: [첫 단락] "해가 졌다. 붉은 노을이 번졌다. 아름다웠다." [둘째 단락] "저녁이 되자
> 하늘은 점점 어두워지기 시작했고, 별들이 하나둘 나타나기 시작했다."
>
> AI: "첫 단락은 짧은 문장 3개로 당신 스타일에 맞습니다. 둘째 단락은 긴 문장 1개로
> 스타일이 다릅니다. 통일하려면 둘째 단락을 '저녁이 왔다. 하늘이 어두워졌다.
> 별이 떴다'로 바꾸세요."

이렇게 AI에게 당신의 기준을 미리 알려주면 일관성을 지키기 쉽다. 매번
새로 설명할 필요 없다. 한 번 설정해두면 계속 그 기준으로 점검해준다.
더 간단한 방법도 있다. 글을 다 쓴 후 AI에게 이렇게 물어보라.

> 나: "내가 자주 쓰는 어색한 표현 있어?"
>
> AI: "네, '~것이다'를 10번 넘게 쓰셨네요. '이것은 중요한 것이다' 같은 문장이 여러
> 번 나옵니다."

이 정도만 해도 문체가 일관되게 유지된다. 복잡한 규칙이나 시스템은 필요 없다.

문체는 발견하는 것 – 마지막으로 명심하라. 문체는 만드는 게 아니라 발견하는 것이다. 글을 쓰다 보면 자연스럽게 형성된다. 당신이 편한 문장 길이, 당신이 좋아하는 단어, 당신만의 리듬. 이것들이 저절로 나타난다. 첫 에세이를 쓸 때 당신의 자연스러운 문체가 드러난다. 그것을 의식하라. "아, 나는 짧은 문장을 쓰는구나." "나는 '그날'이라는 단어를 자주 쓰네." 이렇게 자각하는 순간부터 문체가 시작된다. 그 후엔 그것을 유지하라. 억지로 바꾸려 하지 마라. 헤밍웨이처럼 써야 한다거나 프루스트처럼 써야 한다는 생각을 버려라.

당신은 당신처럼 쓰면 된다. 당신이 짧은 문장을 선호한다면 계속 짧게 써라. 긴 문장이 편하다면 계속 길게 써라. 일관성이 곧 신뢰다. 독자는 일관된 목소리를 신뢰한다. 첫 페이지부터 마지막 페이지까지 같은 사람이 쓴 것처럼 느껴져야 한다. 그러려면 당신의 문체 체크리스트를 만들고, 그것을 지키면 된다. 5가지 항목, A4 반 페이지. 그것으로 충분하다.

9.2 거리두기와 몰입

감정에는 온도가 있다. 너무 뜨거우면 독자가 부담스럽다. 너무 차가우면 공감이 안 된다. 적정 온도를 찾아야 한다. 이것을 '거리두기'라고 부른다.

감정의 적정 온도 – 과열된 글을 보자.

과열 (너무 뜨거움): "아!!! 너무나 슬펐다!!! 심장이 찢어질 것 같았다!!!"

느낌표 세 개. '너무나'라는 강조 부사. '찢어진다'는 과장된 비유. 이것은 감정의 과잉이다. 역설적이게도 감정을 너무 강하게 표현하면 독자는 오히려 멀어진다. "저 사람 좀 진정하지?" 생각하게 된다. 글이 아니라 비명이 된다.

반대로 너무 차가운 글을 보자.

냉각 (너무 차가움): "부친이 사망했다. 장례를 치렀다."

사실만 나열했다. 감정이 전혀 없다. 독자는 "그래서 어땠는데?"라고 묻게 된다. 부고 기사 같다. 이것은 보고서지 에세이가 아니다.

적정 온도를 보자.

적정 온도: "아버지가 돌아가셨다. 장례식장 세 번째 날, 나는 처음으로 울었다."

담담하지만 차갑지 않다. '돌아가셨다'는 표현에서 애정이 느껴진다. '세 번째 날'이라는 구체적 시간이 현실감을 준다. '처음으로 울었다'는 문장이 감정의 깊이를 보여준다. 사흘 동안 울지 못했다는 것, 그것이 얼마나 힘들었을지 독자는 상상한다. 직접 말하지 않아도 전달된다.

절제의 미학 – 거리두기의 핵심은 역설이다. 한 발 물러서면 오히려 더 가까이 다가간다. 감정을 덜 쓸수록 더 강하게 전달된다. 이것을 '절제의 미학'이라고 한다.

구체적 방법을 보자.

① 느낌표와 물음표를 줄여라: 특히 느낌표 여러 개(!!!)는 금물이다. 한 에세이에 느낌표는 3개 이하가 적당하다.

② 감정 형용사를 줄여라: '슬프다, 기쁘다, 화나다' 같은 직접적 표현 대신 구체적 행동과 장면을 보여줘라.

③ 부사를 줄여라: '너무, 정말, 매우, 아주' 같은 강조 부사는 오히려 힘을 약화시킨다.

예를 들어 보자.

"너무 슬펐다" → "슬펐다" (부사 삭제) "정말 화가 났다" → "화가 났다" (부사 삭제) "아주 많이 울었다" → "울었다" (부사 삭제)

놀랍게도 부사를 빼면 문장이 더 강해진다. '너무'가 있으면 과장처럼 느껴진다. 없으면 진실처럼 느껴진다.

AI와 함께 거리두기 연습 – AI와 함께 거리두기를 연습해보자.

나: "감정이 너무 과한 것 같아."

AI: "한 발 물러나서 관찰자 시점으로 다시 써보세요."

나: "어떻게?"

AI: "'나'를 '그' 또는 '그녀'로 바꿔서 써본 후, 다시 '나'로 돌아오세요. 예를 들어 '나는 너무 슬펐다'를 '그녀는 슬펐다'로 써보세요. 거리감이 생깁니다. 그 거리감을 유지한 채 다시 '나는 슬펐다'로 돌아오면 됩니다."

이 방법은 정말 효과적이다. 3인칭으로 쓰면 자동으로 한 발 물러서게 된다. 내가 아닌 다른 사람을 관찰하는 것처럼 쓰게 된다. 그 거리감을 익힌 후 다시 1인칭으로 돌아오면, 절제된 1인칭이 된다.

시간을 통한 거리두기 - 또 다른 방법도 있다. 시간을 뛰어넘는 것이다. 사건 직후가 아니라 한참 후의 시점에서 쓰는 것이다.

너무 가까움: "어제 아버지가 돌아가셨다. 나는 슬프다."

적당한 거리: "아버지가 돌아가신 지 1년이 지났다. 그날 나는 슬펐다."

시간이 지나면 감정도 정리된다. 1년 후의 시점에서 쓰면 자동으로 절제된다. 독자도 이 거리감을 편안하게 느낀다.

중요한 것은 감정을 숨기는 게 아니라는 점이다. 절제는 숨김이 아니다. 적절하게 드러내는 것이다. 너무 드러내도 안 되고, 너무 숨겨도 안 된다. 그 중간 지점을 찾아야 한다. 당신의 마음은 100도로 끓지만, 글에는 60도로 표현하라. 그러면 독자가 나머지 40도를 채운다. 이것이 공감이다.

9.3 개인사를 보편으로

당신의 이야기는 당신만의 것이다. 2019년 3월 15일, 당신이 해고당한 그날. 그 회사, 그 상사, 그 이유. 이것은 당신만 아는 특수한 경험이다. 하지만 에세이는 특수에서 시작해 보편에 도달해야 한다. 해고당한 경험이 없는 독자도 공감해야 한다. 어떻게?

개인에서 보편으로 - 개인적 경험을 보자.

개인적 경험: "2019년 3월 15일, 나는 해고당했다."

이것은 사실이다. 하지만 독자는 "그래서?"라고 묻는다. 날짜와 사실만으로는 충분하지 않다. 의미가 필요하다. 그 경험을 통해 당신이 깨달은 것, 배운 것, 변한 것. 그것이 보편으로 가는 다리다.

보편적 의미: "해고당한 날, 나는 깨달았다. 안정이란 없다는 것을. 우리 모두는 언제든 다시 시작할 준비가 되어 있어야 한다는 것을."

이제 달라진다. 해고라는 개인적 사건에서 '안정의 허상'과 '준비'라는 보편적 주제로 확장됐다. 해고 경험이 없는 독자도 이 문장에 끄덕인다. 왜냐하면 모든 사람이 안정을 추구하고, 모든 사람이 그 안정이 언제든 깨질 수 있다는 것을 알기 때문이다.

세 가지 방법 - 개인에서 보편으로 가는 방법은 세 가지다.

① 추상화: 구체적 경험에서 추상적 개념을 끌어내라. 해고 → 안정, 이혼 → 독립, 질병 → 연약함, 실패 → 용기. 당신의 경험 속에 숨어 있는 보편적 주제를 찾아라.

② 확장: "나만" 경험한 것처럼 보이지만 사실은 "우리 모두"가 겪는 것임을 보여줘라. "나는 아버지에게 인정받고 싶었다"가 아니라 "우리는 부모에게 인정받고 싶어 한다". '나'를 '우리'로 바꾸는 순간 코편이 된다.

③ 질문: 당신의 경험을 독자에게 질문으로 던져라. "당신은 준비되어 있는가?" "당신은 언제 마지막으로 용기를 냈는가?" 질문은 독자를 참여

시킨다. 당신의 이야기가 독자의 이야기가 된다.

과도한 의미 부여 경계 – 주의할 점이 있다. 과도한 의미 부여를 경계하라. 모든 경험에 거창한 의미를 붙일 필요는 없다. "커피를 쏟았다. 인생도 그렇다. 예측할 수 없다." 이것은 억지다. 커피를 쏟은 건 그냥 커피를 쏟은 것이다. 의미는 자연스럽게 나와야 한다.

언제 의미를 붙이고 언제 붙이지 말아야 할까? 간단하다. 당신이 실제로 그 순간 그런 생각을 했다면 써라. 나중에 끼워 맞춘 것이라면 쓰지 마라. 독자는 진짜와 가짜를 구분한다.

AI와 함께 보편으로 확장하기 – AI와 함께 개인사를 보편으로 확장해보자.

나: "내 이혼 경험을 많은 사람이 공감할 수 있게 쓰고 싶어."

AI: "이혼을 통해 깨달은 것이 무엇인가요?"

나: "혼자여도 괜찮다는 것."

AI: "좋습니다. 그런데 그 깨달음이 이혼 경험이 없는 사람에게도 의미 있으려면 어떻게 표현해야 할까요?"

나: "음… '독립'이나 '자립'의 의미로 확장하면 되겠네. 이혼이 아니더라도 사람들은 언젠가 혼자 서야 하니까."

AI: "정확합니다. '이혼 후 나는 혼자여도 괜찮다는 것을 알았다'보다 '이혼 후 나는 깨달았다. 누군가와 함께 있어도 결국 우리는 각자 혼자라는 것을. 그리고 그것이 슬픈 게 아니라 자연스러운 것이라는 것을'이라고 쓰면 이혼 경험이 없는 독자도 공감합니다."

보편으로 가되, 구체성을 잃지 마라. 이것이 균형이다. "2019년 3월 15일, 나는 해고당했다"는 너무 구체적이다. "인생은 불확실하다"는 너무 추상적이다. 둘을 합쳐라. "2019년 3월 15일, 나는 해고당했다. 그날 나는 깨달았다. 5년을 일했지만 나는 30분 만에 정리될 수 있는 존재였다. 안정이란 환상이었다. 이것은 나만의 이야기가 아니다. 우리 모두의 이야기다."

구체적 날짜와 사실로 시작하고, 개인적 깨달음으로 발전시키고, 보편적 진실로 마무리한다. 이것이 개인사를 보편으로 만드는 공식이다.

9.4 여운 만들기

마지막 문장이 가장 중요하다. 독자가 가장 오래 기억하는 문장이다. 첫 문장은 독자를 끌어들이고, 마지막 문장은 독자를 보내준다. 하지만 그냥 보내지 마라. 무언가를 남겨라. 생각할 거리를, 느낄 거리를, 기억할 거리를. 이것을 '여운'이라고 한다. 여운을 만드는 세 가지 방법이 있다.

순환 구조 - 첫 문장으로 돌아가는 것이다. 뫼비우스의 띠처럼 끝이 시작과 만난다. 독자는 이 구조를 좋아한다. 완결감을 준다.

첫 문장: "아버지는 항상 그 의자에 앉아 계셨다."

에세이가 전개된다. 아버지의 임종, 장례, 1년 후.

마지막 문장: "이제 그 의자에 내가 앉아 있다."

역할이 바뀌었다. 아들이 아버지가 되었다. 시간이 흘렀다. 하지만 의자는 그대로다. 이 순환이 독자에게 울림을 준다. 삶은 계속된다는 것, 우리는 부모가 되어 부모의 자리에 앉는다는 것. 말하지 않아도 전달된다.

순환 구조를 만들려면 첫 문장을 쓸 때 이미 마지막을 생각해야 한다. 어떤 이미지로 시작할 것인가? 그 이미지를 마지막에 어떻게 변주할 것인가? 미리 설계하라.

열린 결말 – 모든 것을 해결하지 않는 것이다. 질문을 남기는 것이다. 독자가 스스로 답을 찾게 하는 것이다.

마지막 문장: "기차는 떠났다. 어디로 가는지는 아직 모른다."

주인공은 새로운 시작을 했다. 하지만 결과는 알 수 없다. 성공할지 실패할지 모른다. 이 불확실성이 여운을 만든다. 독자는 "그래서 어떻게 됐을까?" 궁금해한다. 소설이라면 불친절하지만, 에세이라면 정직하다. 인생은 진행 중이니까. 아직 끝나지 않았으니까.

열린 결말은 용기가 필요하다. 모든 것을 설명하고 싶은 욕구를 참아야 한다. "기차는 떠났다. 1년 후 나는 성공했다." 이렇게 쓰면 여운이 사라진다. 설명하지 마라. 독자를 신뢰하라.

반전 – 마지막에 모든 것을 뒤집는 것이다. 독자가 생각했던 것과 다른 진실을 보여주는 것이다.

마지막 문장: "10년간 미워했던 그 사람이, 실은 나를 가장 사랑했던 사람이었다."

반전이다. 에세이 내내 독자는 '그 사람'이 악역이라고 생각했다. 하지만 마지막에 모든 것이 뒤집힌다. 미움은 사랑의 다른 이름이었다. 독자는 에세이 전체를 다시 생각한다. 그 사람의 행동을 다시 해석한다. 이것이 여운이다.

주의하라. 반전은 억지로 만들면 안 된다. 실제로 당신이 그런 깨달음을 얻었을 때만 써라. 거짓 반전은 독자를 기만하는 것이다.

AI와 함께 여운 있는 마지막 문장 만들기 - AI와 함께 여운 있는 마지막 문장을 만들어보자.

> 나: "강렬한 마지막 문장을 쓰고 싶어."
>
> AI: "첫 문장을 보여주세요. 그것을 변주해봅시다."
>
> 나: "첫 문장은 '비 오는 날이었다'야."
>
> AI: "좋습니다. 세 가지 옵션을 드릴게요. 1) '비가 그쳤다' - 문제 해결, 희망의 엔딩. 2) '여전히 비가 온다' - 열린 결말, 계속되는 이야기. 3) '이제 나는 비를 맞을 줄 안다' - 변화의 엔딩, 주인공이 달라짐. 당신의 이야기에서 어떤 변화가 있었나요?"
>
> 나: "비를 피하려고만 했는데, 이제는 그냥 맞고 걸을 수 있게 됐어."
>
> AI: "그럼 3번이 맞습니다. '이제 나는 비를 맞을 줄 안다. 우산 없이도 걸을 수 있다.' 첫 문장의 '비'가 마지막에 '맞을 수 있는 비'로 변했습니다. 순환하면서 동시에 변화를 보여줍니다."

마지막 문장 다듬기 - 마지막 문장은 여러 번 고쳐 써라. 처음 쓴 마지막 문장은 대부분 평범하다. 10번, 20번 다시 써라. 단어 하나, 어순 하나가 여운을 결정한다.

"이제 나는 비를 맞을 줄 안다." (현재형, 단언) "이제 나는 비를 맞을 수 있을 것 같다." (미래형, 추측 - 약함) "이제 나는 비를 맞는다." (더 강함) "비가 온다. 나는 걷는다." (가장 강함)

같은 의미지만 힘이 다르다. 마지막 버전이 가장 강하다. 짧고, 명확하고, 행동으로 끝난다. 생각이 아니라 행동. 이것이 여운을 만든다.

영혼을 담다

목소리와 의미, 이 두 가지가 당신의 에세이를 완성한다. 구조가 뼈대고 장면이 살이라면, 목소리는 영혼이다. 당신만의 문체를 발견하고, 감정의 적정 온도를 유지하고, 개인적 경험을 보편적 이야기로 확장하고, 여운을 남겨라. 그러면 독자는 당신의 글을 읽고 나서 이렇게 말할 것이다. "이 사람을 알 것 같다." 그것이 바로 에세이가 할 수 있는 가장 큰 일이다. 낯선 타인을 알게 되는 것. 그리고 그 안에서 자신을 발견하는 것. 이제 다음 장에서는 지금까지 배운 모든 기법을 AI와 함께 통합하는 방법을 배운다.

CHAPTER 10

AI를 통한 기법 통합

지금까지 배운 것을 정리해보자. 아리스토텔레스의 3막 구조, 캠벨의 영웅 여정, 셰익스피어의 갈등, 헤밍웨이의 빙산 이론, 체호프의 총 법칙, 프루스트의 감각 기억. 2400년 문학사의 정수다. 이 모든 기법을 당신의 글에 적용할 수 있을까? 아니다. 할 필요도 없다. 중요한 것은 당신의 이야기에 맞는 기법을 선택하는 것이다. 이번 장에서는 AI를 활용해 기법을 통합하고, 자주 하는 실수를 피하고, 효과적인 피드백 루프를 만드는 법을 배운다. 그리고 가장 중요한 것, 언제 멈춰야 하는지도 함께 본다.

10.1 AI가 발견한 7가지 현대 패턴

AI는 수백만 개의 글을 분석하며 패턴을 발견한다. 인간 작가가 의식하지 못했던 것들을 찾아낸다. 여기 소개하는 7가지 패턴은 AI가 분석한 최근 10년간 성공한 에세이들의 공통점이다. 하지만 명심하라. 이것은 법칙이 아니라 참고 사항이다. 맹목적으로 따를 필요 없다.

당신의 글에 맞는 것만 골라 쓰면 된다.

구체성의 법칙 - 모호한 것보다 구체적인 것이 강하다. '어느 카페'보다 '스타벅스 강남역점 2층 창가'가 생생하다. 독자는 구체적 디테일을 기억한다.
나쁜 예: "어느 카페에서 그녀를 만났다."
좋은 예: "스타벅스 강남역점 2층 창가에서 그녀를 만났다. 비 오는 목요일 오후 3시."

구체성은 신뢰를 만든다. 스타벅스라고 쓰면 독자는 '이 사람 진짜 거기 갔구나' 생각한다. 목요일 오후 3시라고 쓰면 '실제로 있었던 일이구나' 믿는다. 구체적일수록 진실해 보인다.

하지만 모든 것을 구체적으로 쓸 필요는 없다. 중요한 장면만 구체적으로 써라. "2019년 3월 15일 금요일 오후 4시 23분 회의실 3층"은 과하다. "금요일 오후 4시 회의실"이면 충분하다. 구체성과 간결성의 균형을 찾아라.

감각의 2+1 - 하나의 감각보다 여러 감각을 동원하면 장면이 입체적이 된다. AI가 발견한 패턴은 2+1이다. 시각 하나, 청각 하나, 그리고 신체 감각 하나.
"빨간 신호등(시각)이 켜졌다. 어디선가 클랙슨 소리(청각)가 들렸다. 내 손끝이 떨렸다(신체감각)."

시각만 있으면 평면이다. 청각이 더해지면 입체가 된다. 신체 감각이 더해지면 독자가 그 자리에 있게 된다. 손끝의 떨림, 등의 땀, 목의 긴장. 이런 신체 감각이 가장 강력하다.

주의할 점이 있다. 감각을 나열하지 마라. 자연스럽게 녹여라. "빨간 신호등, 클랙슨 소리, 손끝 떨림"이라고 쉼표로 나열하면 목록이 된다. 문장으로 풀어 써라.

시간 압축 10-20% - 10년 이야기를 쓴다면 10년을 다 쓰지 마라. 가장 중요한 1-2년에 집중하라. AI가 분석한 결과, 성공한 에세이의 80%는 전체 기간의 10-20%에 집중한다.

"10년의 결혼생활이 있었다. 하지만 진짜 결혼생활은 마지막 6개월이었다. 그 6개월이 전부였다."

첫 9년은 건너뛰어도 된다. 독자는 "평범한 결혼생활이었겠지" 추측한다. 마지막 6개월, 무너지기 시작한 그 시기에 집중하라. 거기에 드라마가 있다. 시간을 압축하는 방법은 간단하다. "그 후 5년이 흘렀다"라고 한 문장으로 건너뛰어라. 중요한 것만 확대하고 나머지는 축소하라. 영화의 슬로모션과 빨리 감기를 생각하라.

반전 타이밍 (80% 지점) - 반전은 언제 나와야 할까? AI 분석 결과, 80% 지점이 가장 효과적이다. 5000자 글이라면 4000자 지점. 너무 빠르면 독자가 아직 준비가 안 됐다. 너무 늦으면 놀랄 시간이 없다. 80%가 딱 맞다.

예를 들어 보자. 당신이 10년간 미워한 선생님 이야기를 쓴다. 에세이의 80%는 그 미움을 쌓는다. 독자도 함께 그 선생님을 미워한다. 80% 지점에서 편지를 발견한다. "너는 내가 가장 자랑스러운 제자다." 반전이다. 독자는 충격받는다. 그리고 지금까지 읽은 모든 것을 다시 생각한다.

반전은 억지로 만들지 마라. 실제로 그런 순간이 있었을 때만 써라. 거짓 반전은 독자를 배신하는 것이다.

쌍둥이 문장 - 평행 구조의 문장이다. 같은 문법 구조를 반복하되, 내용을 대비시킨다. 리듬이 생기고 의미가 강조된다.
"봄은 왔지만 꽃은 피지 않았다. 당신은 왔지만 사랑은 오지 않았다."
첫 문장이 자연의 이야기라면, 둘째 문장은 인간의 이야기다. 구조는 같지만 의미가 확장된다. 이런 문장을 독자는 기억한다.

더 많은 예를 보자.
"아버지는 말없이 떠났다. 나도 말없이 보냈다." "10년을 기다렸다. 10초만에 끝났다." "사랑할 때는 몰랐다. 떠나고 나서야 알았다."
쌍둥이 문장은 남용하지 마라. 에세이 하나에 2-3개면 충분하다. 너무 많으면 기교가 되어버린다.

현재형 서술 - 과거 이야기를 현재형으로 쓰면 생생해진다. 독자가 그 순간에 있게 된다.

과거형: "1995년 여름이었다. 나는 열 살이었다. 할머니가 내 손을 잡았다."

현재형: "1995년 여름. 나는 열 살이다. 할머니가 손을 잡는다."

현재형이 훨씬 생생하다. 영화처럼 눈앞에서 벌어진다. 하지만 조심하라. 전체를 현재형으로 쓰면 혼란스럽다. 가장 중요한 장면만 현재형으로 바꿔라. 나머지는 과거형으로 써라.

Show vs Tell 60:40 – 보여주기와 설명하기의 황금 비율이다. AI 분석 결과, 보여주기 60%, 설명 40%일 때 가장 읽기 좋다.

보여주기만 하면 독자가 힘들다. "이게 무슨 의미지?" 헤맨다. 설명만 하면 지루하다. "알겠으니 장면 좀 보여줘" 답답해한다. 6대 4가 균형이다. 예를 들어 10개 문단이 있다면, 6개는 장면(보여주기), 4개는 해석이나 성찰(설명하기). 교대로 배치하라. 장면 → 의미 → 장면 → 의미. 이 리듬이 독자를 끌고 간다.

AI와 함께 패턴 활용하기 – AI와 함께 패턴을 활용해보자.

나: "이 패턴을 다 적용해야 해?"

AI: "아닙니다. 당신의 글에 맞는 2-3개만 선택하세요. 7가지를 모두 쓰려고 하면 오히려 글이 망가집니다."

나: "어떤 걸 선택하면 좋을까?"

AI: "글을 보여주시면 부족한 부분에 맞는 패턴을 제안할게요. 예를 들어 장면이 추상적이면 '구체성의 법칙'을, 평면적이면 '감각의 2+1'을 제안합니다."

패턴은 도구다. 필요할 때 꺼내 쓰고, 필요 없으면 무시해도 된다. 당신의 이야기가 주인공이다. 패턴은 조연이다.

10.2 자주 하는 실수와 해결

AI와 함께 글을 쓰다 보면 몇 가지 실수를 반복하게 된다. 미리 알아두면 피할 수 있다.

실수 1: AI 문체 그대로 복사 - 가장 흔한 실수다. AI가 제안한 문장이 멋있어 보여서 그대로 붙여넣는다. 문제는 그 문장이 당신의 목소리가 아니라는 것이다. 독자는 느낀다. "이 문단만 다른 사람이 쓴 것 같네."

AI 제안: "석양이 수평선 너머로 사라지는 순간, 나는 삶의 덧없음을 깨달았다."

아름답다. 하지만 이게 당신 말투인가? 평소에 "덧없음"이라는 단어를 쓰는가? "석양이 수평선 너머로"라고 말하는가?

해결: AI 제안을 자신의 말로 다시 써라.

"해가 졌다. 나는 생각했다. 모든 것은 지나간다."

투박하다. 하지만 진짜다. 당신의 목소리다. 아름다운 문장보다 진짜 목소리가 중요하다.

원칙을 정하자. AI 제안을 받으면 일단 창을 닫아라. 보지 말고 스스로 다시 써라. 그다음 AI 제안과 비교해라. AI의 좋은 점을 찾아서 당신 버전에 추가해라. 이 과정이 번거롭지만, 이것이 당신의 목소리를 지키는 유일한 방법이다.

실수 2: 과도한 수정 – AI는 계속 수정안을 낸다. 더 좋은 버전을, 더 나은 표현을. 당신은 계속 수정한다. 1차, 2차, 3차, 4차. 10번째 버전에 도달하면 원문이 뭐였는지 기억도 안 난다. 그리고 깨닫는다. "처음 버전이 더 나았는데?"

해결: 3회 수정 룰을 지켜라.
- **1차:** 구조와 흐름 수정
- **2차:** 문장과 표현 수정
- **3차:** 오타와 마무리

3회 이상 수정하지 마라. 더 이상 수정하면 나아지는 게 아니라 달라지기만 한다. 완벽을 추구하면 완성하지 못한다.

레오나르도 다 빈치는 모나리자를 평생 수정했다. 죽을 때까지 완성하지 못했다. 당신은 다 빈치가 아니다. 에세이는 모나리자가 아니다. 80%만 괜찮으면 끝내라. 나머지 20%를 위해 100%의 시간을 더 쓰지 마라.

실수 3: 일관성 상실 – 처음엔 짧은 문장으로 썼다. AI가 긴 문장을 제안했다. 좋아 보여서 받아들였다. 그다음 문단은 다시 짧게. 다음은 또 길게.

문체가 오락가락한다. 독자는 혼란스럽다.

해결: 처음 정한 톤을 유지하라.

첫 문단을 쓸 때 결정하라. "나는 짧은 문장 스타일이다" 또는 "나는 긴 문장 스타일이다." 그리고 끝까지 지켜라. AI가 다른 스타일을 제안하면 거절하라.

AI에게 이렇게 말하라. "나는 짧은 문장을 선호해. 제안할 때도 짧게 해줘." 그러면 AI가 당신의 스타일에 맞춰 제안한다.

실수 4: 개성 희석 - AI 제안을 너무 많이 받아들이면 당신의 개성이 희석된다. 처음엔 거칠고 투박했던 글이 점점 세련되고 매끄러워진다. 그런데 재미없어진다. 날것의 힘이 사라진다.

해결: AI 제안의 30%만 수용하라.

AI가 10개 제안을 하면 3개만 받아들여라. 나머지 7개는 무시하라. 이 정도가 딱 맞다. 70%는 여전히 당신이다. 30%만 AI의 도움을 받는다.

어떤 것을 받아들이고 어떤 것을 거절할까? 간단하다. 읽어봤을 때 "내가 이렇게 말할 수도 있겠네" 싶으면 수용. "나는 절대 이렇게 안 말해" 싶으면 거절.

AI와 함께 실수 교정하기 - AI와 함께 실수를 교정해보자.

나: "AI가 수정한 문장이 내 것 같지 않아."

AI: "원문의 어떤 부분이 '나답다'고 느끼는지 먼저 표시해보세요. 어떤 단어, 어떤 표현이 당신 스타일인가요?"

나: "짧고 직접적인 문장이 내 스타일이야. '~것이다' 같은 표현은 안 써."

AI: "알겠습니다. 그럼 제 제안을 더 짧게 다시 써드릴게요. 핵심만 남기고 군더더기를 빼겠습니다."

당신의 스타일을 AI에게 가르쳐라. 그러면 AI가 당신의 스타일에 맞춰 제안한다. AI는 학습한다. 당신이 가르치면 가르칠수록 더 나은 파트너가 된다.

10.3 피드백 루프

효과적인 글쓰기는 순환이다. 쓰고, 분석하고, 수정하고, 다시 읽는다. 이 과정을 '피드백 루프'라고 한다. AI를 활용하면 이 루프가 빨라진다.

4단계 순환

① 1단계: 초고 작성 (100%): 첫 초고는 당신 혼자 써라. AI에게 묻지 마라. 완벽하지 않아도 된다. 어설퍼도 된다. 일단 끝까지 써라. 멈추지 마라. 처음부터 끝까지 한 번에. 이것이 가장 중요하다. 초고는 날것이어야 한다. 거칠고 투박해야 한다. 감정이 날것으로 드러나야 한다. 나중에 다듬으면 된다. 지금은 그냥 쏟아내라.

② 2단계: AI 분석 (무엇이 부족한가?): 초고가 완성되면 AI에게 보여라. 하지만 "고쳐줘"라고 말하지 마라. "분석해줘"라고 말하라.

"이 글에서 부족한 것이 뭐야?" "독자가 지루해할 부분은 어디야?" "더 보여줘야 할 장면은 어디야?" "갈등이 약한 부분은?"

AI는 객관적으로 분석한다. "3문단과 5문단 사이에 시간 점프가 있는데 연결이 약합니다." "7문단은 설명만 있고 장면이 없습니다." 이런 식으로. 중요한 것은 AI에게 구체적으로 물어야 한다는 것이다. "전체적으로 어때?"는 나쁜 질문이다. "감정 표현이 과한 부분 있어?"는 좋은 질문이다.

③ 3단계: 선택적 수정 (30%만 반영): AI 분석을 받았다. 10가지 지적을 받았다. 그중 3가지만 고쳐라. 가장 중요한 것 3가지. 나머지는 무시하라. 완벽주의를 버려라. 모든 문제를 다 해결할 필요 없다. 치명적인 문제만 해결하면 된다. 구조가 무너졌으면 고쳐라. 갈등이 없으면 넣어라. 하지만 쉼표 위치, 단어 선택 같은 사소한 것은 신경 쓰지 마라.

④ 4단계: 최종 읽기 (소리 내어): 처음부터 끝까지 소리 내어 읽어라. 눈이 아닌 입으로 읽어라. 이상한 부분이 들린다. 호흡이 안 맞는 곳이 들린다. 어색한 표현이 들린다. 소리 내어 읽으면 귀가 편집자가 된다. 읽다가 걸리는 문장이 있으면 고쳐라. 한 번에 안 읽히는 문장은 나쁜 문장이다.

이 4단계를 몇 번 반복할까? 2-3번이면 충분하다. 더 이상 반복하면 지친다. 첫 루프에서 큰 문제를 해결하고, 둘째 루프에서 중간 문제를 해결하고, 셋째 루프에서 마무리한다. 끝.

 AI와 함께 쓰는 자전적 에세이: 실전 가이드

메타 프롬프트 활용 – 메타 프롬프트는 "질문하는 법을 묻는 것"이다. AI에게 어떻게 물어야 할지 모를 때 쓴다.

> 나: "내 글을 개선하려면 AI에게 뭘 물어봐야 해?"
>
> AI: "이런 질문들을 하세요: 1. 이 글의 핵심 감정이 뭐야? 2. 독자가 지루해할 부분은 어디야? 3. 더 보여줘야 할 장면은 어디야? 4. 갈등이 명확해? 5. 시작과 끝이 연결돼?"

AI가 질문 리스트를 준다. 이제 이 질문들을 하나씩 AI에게 던지면 된다. 메타 프롬프트는 초보자에게 특히 유용하다. 뭘 물어야 할지 모를 때 이것부터 물어라.

마지막 조언 – 완벽을 추구하다가 멈추지 못하는 사람이 많다. 언제 멈춰야 할까? AI에게 물어보자.

> 나: "완벽하지 않은 것 같아. 계속 수정해야 할까?"
>
> AI: "완벽한 초고는 없습니다. 완성이 완벽보다 중요합니다. 출판된 책에도 실수가 있습니다. 퓰리처상 수상작에도 오타가 있습니다. 완성하세요."
>
> 나: "그래도 뭔가 부족한 것 같은데. 언제 멈춰야 할까?"
>
> AI: "이렇게 자문해보세요. '지금 이 글을 누군가에게 보여줄 수 있는가?' 만약 '부끄럽지만 가능하다'면 완성입니다. '절대 못 보여준다'면 더 작업하세요. 하지만 '완벽해질 때까지'는 절대 오지 않습니다."

또 다른 기준도 있다.

나: "더 고치면 나아질까?"

AI: "글을 읽어보세요. 더 고쳤을 때 '나아지는가' 아니면 '달라지는가'? 나아지면 계속하세요. 달라지기만 하면 멈추세요. 더 이상 나아지지 않고 달라지기만 할 때가 끝입니다."

정비도 전진이다. 군대 용어다. 정비하면서도 전진한다는 뜻이다. 완벽하게 정비한 후 출발하는 게 아니다. 정비하면서 동시에 간다. 글쓰기도 마찬가지다. 완벽해질 때까지 기다리지 마라. 80% 정도면 출발하라. 가면서 고쳐라.

첫 에세이는 부족할 수밖에 없다. 둘째 에세이가 더 나을 것이다. 열두 번째 에세이는 훨씬 나을 것이다. 하나를 완벽하게 만들려고 6개월 쓰는 것보다, 여섯 개를 적당히 만들어서 각각 1개월씩 쓰는 게 낫다. 양이 질을 만든다. 많이 써라. 완성하라. 다음으로 넘어가라.

도구에 압도되지 마라

기법은 도구다. 도구에 압도되지 마라. 당신의 이야기가 주인공이다. AI와 거장들은 조연일 뿐이다. 아리스토텔레스가 당신을 위해 존재하는 게 아니다. 당신이 아리스토텔레스를 이용하는 것이다. AI가 당신을 지배하는 게 아니다. 당신이 AI를 부리는 것이다.

정비도 전진이다. 완벽보다 완성을 선택하라. 12편을 다 쓸 때까지 멈추지 마라. 첫 편이 마음에 안 들어도 둘째 편을 써라. 다섯째 편이 형편없어도 여섯째 편을 써라. 열두 편이 완성됐을 때 돌아보라. 첫 편과 열두 번째 편을 비교하라. 당신이 얼마나 성장했는지 보일 것이다.

이제 PART 3을 마친다. 구조를 배우고, 장면을 그리고, 문장을 다듬고, 의미를 부여하고, 기법을 통합했다. HOW를 배웠다. 다음 PART 4에서는 이 모든 것을 30일 동안 실제로 적용한다. DO의 영역이다. 이론은 끝났다. 이제 실전이다. 당신의 12편 에세이가 기다리고 있다.

04

30일 실전 여정

이제 실전이다. 30일 동안 문학사의 지혜를 나침반 삼고, AI를 도구 삼아, 당신의 12편을 완성한다. 이미 수많은 사람들이 걸어간 길이고, 매일이 도전이지만 불가능하지 않다. 시작은 AI와 함께하지만, 도착점에서는 당신만의 목소리가 선명하게 들린다. 정비도 전진임을 기억하며, 완벽보다 완성을 목표로 나아간다.

30일 로드맵: 완벽이 아닌 완성

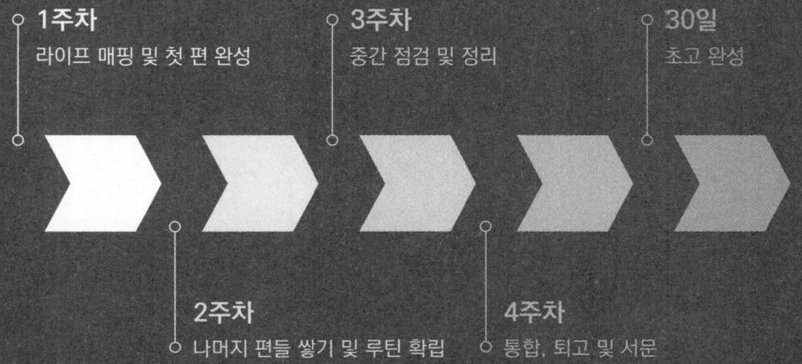

CHAPTER 11

1주차: 기초와 첫 발 (Day 1-7)

첫 주는 설렘과 막막함이 공존하는 시간이다. 빈 화면 앞에서 무엇을 어떻게 시작해야 할지 몰라 한참을 앉아 있을 수도 있다. 괜찮다. 모든 시작이 그렇다. 중요한 것은 완벽한 첫걸음이 아니라, 첫걸음을 떼는 것 자체다.

1주차의 목표는 명확하다. 12편의 전체 구조를 최종 확정하고, 필요한 자료를 모으고, 첫 번째 에세이를 완성하는 것. 여기서 '완성'은 완벽을 의미하지 않는다. 초고를 끝까지 써내는 것, 그것으로 충분하다. 일별 압박은 없다. Day 1-2라고 해서 꼭 이틀 안에 끝낼 필요는 없다. 하루가 더 걸려도, 하루를 건너뛰어도 괜찮다. 중요한 것은 리듬이지 속도가 아니다. 다만 1주차가 끝날 때쯤, 첫 편이 완성되어 있으면 된다.

11.1 Day 1-2: 전체 설계

첫날의 설렘과 두려움 – 빈 화면을 보는 첫날, 누구나 막막하다. 커서가 깜빡이는 빈 문서 앞에서, 키보드에 손을 올렸다 내렸다를 반복한다. 이건 정상이다. 시작의 막연함은 누구에게나 있다. 이때 필요한 것은 거창한 첫 문장이 아니다. AI와의 가벼운 대화다. 30일 프로젝트의 시작을 알리는, 선언에 가까운 대화.

> 나: "오늘부터 30일간 자전적 에세이 12편을 쓸 거야."
>
> AI: "좋다. 어떤 주제로 12편을 구성했나?"
>
> 나: "아버지 3편, 일 3편, 사랑 3편, 여행 3편이야."
>
> AI: "각 주제의 핵심 감정이나 메시지는 무엇인가?"

이 대화는 단순해 보이지만, 중요한 역할을 한다. 막연했던 계획이 구체적인 프로젝트로 바뀌는 순간이다. AI에게 말하는 것은 곧 자신에게 확인하는 것이고, 확인하는 순간 프로젝트는 시작된다.

12편 순서 최종 확정 – Part 2에서 만든 구성표를 꺼내라. 12편의 제목과 주제, 대략적인 이야기 흐름이 적혀 있을 것이다. 지금이 마지막 조정 기회다. 물론 쓰다 보면 순서가 바뀔 수 있다. 어떤 에세이는 예상보다 먼저 써지고, 어떤 에세이는 끝까지 미뤄질 수도 있다. 그래도 괜찮다. 일단 확정하고 시작하는 게 중요하다. 계획은 바뀔 수 있지만, 계획 없이 시작하면 표류한다.

확정할 것들:

• 12편의 최종 제목 (가제라도)

• 각 편의 핵심 장면 또는 메시지

- 대략적인 집필 순서 (꼭 1편부터 쓸 필요는 없다)
- 각 편의 예상 분량 (2000-3000자 정도면 적당하다)

이 작업은 하루면 충분하다. 완벽하게 만들려고 고민할 필요 없다. 흐름이 자연스러운지, 중복되는 이야기는 없는지, 전체적으로 균형이 맞는지만 확인하면 된다.

전체 톤 설정 - 12편이 각각 다른 이야기를 다루더라도, 전체를 관통하는 톤은 있어야 한다. 그래야 하나의 책처럼 읽힌다. 이 톤을 설정하는 것이 Day 1-2의 마지막 작업이다.

> 나: "전체적으로 어떤 톤으로 쓸지 고민이야."
>
> AI: "독자에게 어떤 느낌을 주고 싶나?"
>
> 나: "따뜻한 위로? 잔잔한 공감?"
>
> AI: "그럼 과도한 감정 표현보다 절제된 문체가 좋겠다. 눈물을 짜내기보다는, 독자가 자신의 이야기를 떠올리게 만드는 방식으로."

톤은 감정의 온도와 거리에서 결정된다. 뜨겁고 직접적으로 쓸 것인가, 차갑고 건조하게 쓸 것인가, 아니면 그중간 어딘가에 위치할 것인가. 정답은 없다. 당신의 이야기와 독자, 그리고 당신 자신의 성격에 달려 있다. 다만 한 가지는 기억하라. 톤은 기법이 아니라 태도다. "따뜻하게 쓰겠다"고 결심한다고 따뜻하게 써지는 게 아니다. 독자를 어떻게 대할 것인가, 자신의 이야기를 어떤 거리에서 바라볼 것인가가 톤을 만든다.

AI에게 톤 가이드 주기 - 톤을 정했다면, AI에게도 알려줘야 한다. 그래야 AI가 제안하는 문장이나 표현이 당신이 원하는 방향과 맞아떨어진다.

> 나: "내 글의 톤을 이렇게 설정하고 싶어. 절제되고 담담하지만, 차갑지 않게. 감정을 직접 말하기보다는, 디테일로 보여주는 방식으로. 독자에게 교훈을 주려 하지 않고, 그냥 내 이야기를 들려주는 느낌으로."
>
> AI: "알겠다. 그럼 '슬펐다' 대신 '한참을 창밖을 봤다' 같은 표현을. '깨달았다' 대신 구체적인 장면을 보여주는 방식을 쓰는 게 좋겠다."

이렇게 AI에게 톤 가이드를 주면, 앞으로 30일간 일관된 목소리로 글을 쓸 수 있다. 물론 가끔 AI가 톤에서 벗어난 제안을 할 때도 있다. 그럴 땐 "이건 내 톤이 아니야"라고 말하면 된다. AI는 빠르게 조정한다.

11.2 Day 3-4: 자료 수집

기억의 창고 열기 – 이제 본격적으로 자료를 모을 시간이다. 자료라고 하면 거창하게 들리지만, 사실은 기억의 파편들이다. 사진첩, 오래된 일기장, 메모, SNS 포스팅, 심지어 서랍 속 영수증이나 티켓도 자료가 된다. 하지만 너무 많이 모으지 마라. 자료 수집에 빠져서 정작 글쓰기를 미루는 함정에 빠지기 쉽다. 기억은 쓰면서 떠오른다. 백 장의 사진을 모으는 것보다, 한 장의 사진을 보며 글을 쓰는 게 낫다.

Day 3-4의 목표:

- 12편 각각에 필요한 핵심 자료 1-2개씩만 모으기
- 모으는 것보다 '어떤 자료가 필요한지 파악'하는 데 집중
- 자료가 없어도 괜찮다는 걸 받아들이기

핵심 장면 스케치 - 자료를 모으면서, 동시에 해야 할 작업이 있다. 각 에 세이의 핵심 장면을 한 문단으로 스케치하는 것이다. 이건 본격적인 글쓰 기가 아니다. 그냥 메모 수준이다.

예시:

[아버지 1편] 아버지가 쓰러진 날. 119가 도착했을 때 나는 전화기를 든 채 로 멍하니 서 있었다. 구급대원들이 계단을 올라오는 소리. 아 버지의 차가운 손. 그 순간의 정적.

[일 1편] 첫 직장 첫 출근. 검은 정장, 너무 조이는 넥타이. 엘리베이터 안 거울에 비친 어색한 내 모습. 사무실 문 앞에서 한참을 서성였다.

[사랑 1편] 처음 손잡은 날. 영화관 의자에 놓인 두 손. 누가 먼저랄 것도 없 이 손가락이 닿았고, 화면보다 그 감촉에 더 집중했다.

이런 식이다. 각 에세이마다 한 문단. 디테일은 나중에 채운다. 지금은 '이 장면을 쓸 거야'라는 확신만 있으면 된다.

AI 활용 기억 더듬기 - 기억이 흐릿할 때, AI는 좋은 상대가 된다. AI는 질 문을 통해 당신의 기억을 자극한다. 사실을 알려주는 게 아니라, 당신 안 에 잠들어 있던 기억을 깨운다.

나: "첫 직장 기억이 흐릿해."

AI: "첫 출근 날 무엇을 입었나?"

나: "검은 정장... 아, 넥타이가 너무 조여서 힘들었어."

AI: "그 디테일이 시작이다. 넥타이를 조이는 손, 거울 앞의 긴장한 얼굴. 그때 무슨 생각을 했나?"

나: "이상하게 아버지 생각이 났어. 아버지도 매일 이렇게 넥타이를 맸구나, 하고."

AI: "그 연결이 핵심이다. 첫 직장의 긴장과 아버지에 대한 이해. 이걸 축으로 쓰면 된다."

이렇게 AI와 대화하다 보면, 잊고 있던 장면들이 선명해진다. 기억은 연쇄적으로 떠오른다. 넥타이에서 아버지로, 아버지에서 출근길로, 출근길에서 첫 악수로. AI는 그 연쇄의 매듭을 풀어주는 역할을 한다.

자료 정리 방식 – 모은 자료를 어떻게 정리할 것인가? 복잡한 시스템은 필요 없다. 간단하게, 12개 폴더(또는 12개 문서)를 만들고, 각 에세이별로 자료를 넣어두면 된다.

정리 예시:
• 폴더명: 01_아버지_쓰러진날
• 안에 들어갈 것: 당시 사진 1-2장, 핵심 장면 스케치, 떠오르는 대사나 디테일 메모
이 정도면 충분하다. 자료 정리에 너무 시간을 쓰지 마라. 글 쓸 시간을 아껴야 한다.

Day 3-4 마무리 – 이틀 동안 자료를 모으고, 핵심 장면을 스케치했다. 완벽하지 않아도 괜찮다. 어떤 에세이는 자료가 풍부하고, 어떤 에세이는 기억만으로 써야 할 수도 있다. 그것도 괜찮다. 오히려 자료가 없을 때 더 솔직한 글이 나오기도 한다.

중요한 것은 이제 첫 번째 에세이를 쓸 준비가 됐다는 것이다. Day 5부터는 본격적인 글쓰기가 시작된다.

11.3 Day 5-6: 첫 번째 에세이

첫 문장의 벽 – 모든 준비가 끝났다. 이제 써야 한다. 그런데 첫 문장이 안 나온다. 커서만 깜빡인다. 한 시간이 지나도 한 줄을 못 쓴다. 이게 가장 흔한 1주차 풍경이다.

여기서 중요한 원칙 하나. 첫 문장에 한 시간을 쓰지 마라. 첫 문장은 나중에 고치면 된다. 아니, 사실 첫 문장은 마지막에 쓰는 게 맞다. 글을 다 쓰고 나면, 어떤 문장으로 시작해야 할지 보인다. 일단 쓰기 시작하라. 어디서부터든. 중간부터 시작해도 된다. 끝부터 써도 된다. 순서는 나중에 정리하면 된다.

첫 문장 돌파법 – 그래도 첫 문장이 막막하다면, AI에게 물어라. AI는 '멋진 첫 문장'을 만들어주지 않는다. 대신 첫 문장의 벽을 우회하는 방법을 알려준다.

나: "첫 문장이 안 써져."

AI: "그 이야기의 한가운데로 바로 들어가라."

나: "한가운데?"

AI: "'아버지가 쓰러진 날'처럼 설명하는 문장 대신, '119가 도착했을 때'처럼 장면 속으로 바로 들어가는 거다. 독자도 당신도, 설명보다는 장면에서 시작하는 게 편하다."

나: "그럼 이렇게? '119가 도착했을 때, 나는 전화기를 든 채로 멍하니 서 있었다.'"

AI: "좋다. 이미 시작했다."

첫 문장의 비밀은 이거다. 거창할 필요가 없다. 독자를 단숨에 사로잡을 필요도 없다. 그냥 이야기 속으로 들어가면 된다. 독자는 알아서 따라온다.

2000자 목표 - 첫 편은 2000자면 충분하다. A4 2장 정도. 부담 갖지 마라. 오히려 짧은 게 낫다. 간결하고 집중된 글이 장황한 글보다 훨씬 강하다.

2000자는 대략 이런 구조다:

• 도입부: 200-300자 (핵심 장면 제시)

• 전개부: 1200-1500자 (장면의 디테일과 감정)

• 마무리: 300-500자 (여운 남기기)

물론 이건 공식이 아니다. 글은 공식대로 쓰지 않는다. 다만 막막할 때, 이 정도 분량으로 생각하면 덜 부담스럽다.

완벽 포기 선언 - 지금 당장 해야 할 일이 있다. 완벽을 포기하는 것이다. 첫 편이 엉망이어도 괜찮다. 문장이 어색해도, 구성이 흔들려도, 표현이 유치해도 괜찮다. 30일 후에는 당신이 훨씬 나은 작가가 되어 있을 것이다. 지금 완벽한 글을 쓸 수 없는 건 당연하다. 중요한 것은 초고를 완성하는 것이다. 퇴고는 나중에 한다.

AI에게 이렇게 선언하라:

이 선언이 중요하다. AI는 때때로 과도하게 친절해서, 한 문장 쓸 때마다 "이렇게 고치는 게 어때?"라고 제안한다. 초고 단계에서는 그런 제안이 방해가 된다. 속도가 끊긴다.

일단 끝까지 쓰는 게 우선이다. 퇴고는 그 다음이다.

첫 편을 쓰는 과정 – 이제 실제로 어떻게 쓰는지 보자. Day 5-6 동안 첫 번째 에세이를 완성하는 과정이다.

① Day 5 오전: 첫 문장 돌파하기 – 한 시간 정도는 첫 문장 앞에서 헤맨다. 괜찮다. 그러다가 AI와 대화하며 장면의 한가운데로 들어간다. 첫 300자를 쓴다. 이게 가장 힘들다.

② Day 5 오후: 전개부 초고 – 일단 속도를 낸다. 문장이 어색해도, 표현이 반복돼도 일단 쓴다. 핵심 장면의 디테일을 풀어낸다. 감정을 직접 말하기보다, 장면을 보여준다. 1000자 정도 쓴다.

③ Day 5 저녁: 쉬기 – 더 쓸 수 있어도 멈춘다. 글쓰기는 마라톤이다. 첫 날 지치면 안 된다. 내일을 위해 에너지를 남겨둔다.

④ Day 6 오전: 이어쓰기 – 어제 쓴 부분을 읽는다. 생각보다 괜찮다. 기세를 이어서 나머지를 쓴다. 마무리 부분까지 단숨에. 2000자 완성.

⑤ Day 6 오후: 간단한 퇴고 – 한 번 처음부터 끝까지 읽는다. 오탈자를 고친다. 명백히 어색한 문장 몇 개만 다듬는다. 대수술은 하지 않는다.

 AI와 함께 쓰는 자전적 에세이: 실전 가이드

AI와 함께 쓰는 대화

나: "이 장면을 어떻게 표현할지 모르겠어. '슬펐다'라고 쓰는 건 너무 직접적이고."

AI: "그 순간 당신이 무엇을 봤나? 무엇을 들었나? 무엇을 만졌나?"

나: "아버지 손이 차가웠어."

AI: "그거다. '슬펐다' 대신 '아버지의 손은 차가웠다'고 쓰면 된다. 독자가 슬픔을 느낀다."

나: "이 부분 문장이 너무 길어."

AI: "끊어서 써봐. 한 문장에 하나의 이미지만."

나: "아버지가 쓰러진 날 나는 전화기를 든 채로 멍하니 서 있었고 구급대원들이 계단을 올라오는 소리가 들렸다."

AI: "이렇게. '아버지가 쓰러진 날. 나는 전화기를 든 채로 멍하니 서 있었다. 구급대원들이 계단을 올라오는 소리가 들렸다.'"

나: "훨씬 낫다."

나: "마무리를 어떻게 할지 모르겠어."

AI: "무리하게 의미를 부여하지 마. 그냥 마지막 장면으로 끝내도 된다."

나: "교훈 같은 거 없어도 돼?"

AI: "독자가 알아서 느낀다. 당신은 이야기만 들려주면 된다."

이렇게 AI는 기술적 조언을 준다. 감정을 어떻게 보여줄지, 문장을 어떻게 다듬을지, 구성을 어떻게 할지. 하지만 이야기 자체는 당신이 만든다. AI는 도구일 뿐이다.

첫 편 완성의 의미 - Day 6 저녁쯤, 첫 편이 완성된다. 2000자 남짓한 짧은 에세이 하나. 완벽하지 않지만, 끝까지 쓴 글이다. 이게 얼마나 대단한 일인지 아는가? 대부분 사람들은 첫 편을 완성하지 못한다. 첫 문장 앞에서 포기하거나, 중간에 멈추거나, 끝없이 고치다가 지친다. 당신은 완성했다. 그것만으로도 당신은 이미 작가다.

11.4 Day 7: 완성과 휴식

간단한 퇴고 - Day 7은 첫 편을 마무리하고 쉬는 날이다. 하지만 완전히 손을 놓는 건 아니다. 하루 정도 시간을 두고 다시 읽으면, 어제는 못 보던 게 보인다.

퇴고 체크리스트:

• 오탈자 확인

• 명백히 어색한 문장 수정

• 불필요한 부사나 형용사 삭제

• 반복되는 표현 정리

이 정도만 한다. 대수술은 4주차에 한다. 지금은 초고를 다듬는 수준만 하면 된다.

퇴고 시 AI 활용

나: "이 글 한 번 읽고, 명백히 어색한 부분만 알려줘."

AI: "전체적으로 잘 썼다. 다만 3번째 문단에서 '정말'이라는 부사가 세 번 나온다. 하나 정도는 빼는 게 좋겠다."

나: "그리고?"

AI: "마지막 문단의 '그래서 나는 깨달았다'는 너무 직접적이다. 그냥 장면으로 끝내
는 게 어떨까?"

이 정도 피드백이면 충분하다. AI에게 전면적인 수정을 요청하지 마라. 당
신 목소리가 사라진다.

문체 발견하기 - 첫 편을 완성했다면, 이제 중요한 작업이 하나 남았다.
당신의 자연스러운 문체를 관찰하는 것이다. 억지로 만들지 마라. 다만 주
의 깊게 살펴보라.

완성한 에세이를 다시 한 번 읽으면서 이것만 체크하라:

① 내 문장은 평균 몇 어절인가? - 아무 문단이나 골라서 문장 5개를 세어
보라. 각 문장의 어절 수를 세고 평균을 낸다. 10어절 이하면 짧은 편,
10-20어절이면 보통, 20어절 이상이면 긴 편이다. 정답은 없다. 중요
한 건 당신의 자연스러운 길이를 아는 것이다.

② 나는 어떤 단어를 자주 쓰는가? - 반복되는 단어 3개를 찾아라. "그날",
"그래서", "아직", "조금" 같은 단어들. 이것이 당신의 어휘 패턴이다.
나쁜 게 아니다. 이것이 당신의 색깔이다.

③ 나는 "~것이다" 같은 표현을 쓰는가? - 어색하게 느껴지는 표현을 찾
아라. "~것이다", "~라고 할 수 있다", "필자", "독자 여러분" 같은 표현.
만약 이런 표현을 썼다면, 다음 편부터는 쓰지 않는 게 좋다. 이것이 당
신의 '금지 표현' 후보다.

지금은 관찰만 하라. 고치려 하지 마라. 첫 편은 이미 완성됐다. 다만 2편부터는 이 패턴을 의식하면서 쓰면 된다. 문체는 발견하는 것이지 만드는 게 아니다. 당신 안에 이미 있다. 오늘 그것을 발견했다.

간단히 메모하라:

• 내 문장 길이: [짧다 / 보통 / 길다]

• 자주 쓰는 단어: ＿＿＿＿＿, ＿＿＿＿＿, ＿＿＿＿＿

• 쓰지 말아야 할 표현: ＿＿＿＿＿, ＿＿＿＿＿, ＿＿＿＿＿

이 메모는 2주차부터 빛을 발한다. 다음 에세이를 쓸 때, 이 기준으로 일관성을 유지하면 된다.

성취감 느끼기 - 첫 편을 완성했다. 12편 중 1편. 8.3%의 진도. 이게 얼마나 대단한 일인지 잠깐 생각해보자. 일주일 전만 해도 빈 화면 앞에서 막막했다. 무엇을 어떻게 시작해야 할지 몰랐다. 이제 당신 앞에는 2000자짜리 에세이 한 편이 있다. 완벽하지 않지만, 완성된 글이다. 당신의 이야기가 글이 되었다.

이 성취감을 충분히 느껴라. 스스로를 칭찬하라. 이 감각이 앞으로 3주를 이끌 동력이 된다.

첫 편 공유하기 - 가능하다면, 누군가에게 보여줘라. 가까운 친구나 가족에게. "첫 편 완성했어. 한 번 읽어봐줄래?"

피드백을 기대하는 건 아니다. 그냥 누군가가 읽는다는 사실만으로도 글은 힘을 얻는다. 혼자 쓰고 혼자 보관하는 글과, 누군가에게 읽히는 글은 다르다. 물론 아직 보여주고 싶지 않다면, 그것도 괜찮다. 12편이 다 완성된 후에 공개해도 된다. 중요한 것은 당신이 편한 방식으로 하는 것이다.

다음 주 준비 - Day 7 저녁, 2-3주차를 위한 간단한 준비를 한다. 다음 주에 쓸 에세이 3-4편을 정하고, 필요한 자료가 있는지 확인한다. 하지만 너무 깊이 들어가지는 마라. 오늘은 쉬는 날이다. 내일부터 2-3주차는 속도가 붙는다. 오늘은 충분히 쉬어야 한다. 글쓰기도 체력이다.

1주차를 돌아보며 - 첫 주의 목표는 완벽한 글이 아니라 '시작했다'는 사실이다. 당신은 이미 작가다. 12편 중 1편을 완성했고, 30일 프로젝트의 리듬을 잡았다. AI와 협업하는 방법도 익혔다. 그리고 당신만의 문체를 발견했다.

앞으로 3주 동안 11편을 더 써야 한다. 숫자로 보면 부담스럽지만, 이미 한 편을 완성한 당신은 안다. 한 편 한 편 써나가면 된다는 것을. 2주차부터는 속도가 붙는다. 첫 주의 시행착오를 바탕으로, 더 빠르고 자연스럽게 쓸 수 있다. 매일 쓸 필요는 없다. 이틀에 한 편씩만 완성해도, 2-3주차에 6-8편을 쓸 수 있다.

완벽을 버리고, 완성을 목표로. 정비도 전진이다. 당신은 이미 시작했고, 그것이 가장 어려운 일이었다. 이제 남은 건 계속하는 것뿐이다.

1주차 마무리 메시지

첫 주가 끝났다. 당신은 빈 화면에서 시작해, 2000자짜리 에세이 한 편을 완성했다. 완벽하지 않지만, 완성했다. 그것이 가장 중요하다. 이제 당신은 안다. 글이 어떻게 만들어지는지, AI와 어떻게 협업하는지, 무엇이 어렵고 무엇이 가능한지. 그리고 당신이 어떤 문장을 쓰는 사람인지. 이 경험이 앞으로 11편을 쓰는 밑바탕이 된다.

2주차부터는 속도가 붙는다. 더 이상 헤매지 않는다. 첫 문장 앞에서 한 시간씩 고민하지 않는다. 당신은 이미 작가이고, 이제 남은 건 쓰는 것뿐이다. 30일의 여정 중 7일이 지났다. 23일이 남았다. 충분한 시간이다. 당신은 할 수 있다. 이미 증명했다.

CHAPTER 12

2-3주차: 리듬과 가속 (Day 8-21)

1주차가 시작의 주였다면, 2-3주차는 리듬의 주다. 첫 편을 완성하며 글쓰기의 감을 잡았고, 이제 본격적으로 속도를 낸다. 하지만 속도가 곧 조급함을 의미하지는 않는다. 오히려 자신만의 리듬을 찾는 시간이다.

2주 동안 10편을 쓴다. 숫자로 보면 부담스럽지만, 이미 한 편을 완성한 당신은 안다. 한 편 한 편은 그리 어렵지 않다는 것을. 다만 10번을 반복하는 것뿐이다.

이 시기에 가장 중요한 것은 멈추지 않는 것이다. 매일 쓸 필요는 없다. 하루 쉬어도 된다. 하지만 이틀 이상 쉬면 리듬이 깨진다. 다시 시작하기가 훨씬 어려워진다. 일주일에 3-4편만 완성해도 충분하다. 그 리듬만 지키면 된다.

12.1 Week 2 (Day 8-14): 에세이 2-6편

자신만의 리듬 찾기 - 어떤 사람은 매일 한 편씩 쓴다. 어떤 사람은 이틀에 한 편씩 쓴다. 어떤 사람은 주말에 몰아서 쓴다. 정답은 없다. 중요한 것은 자신에게 맞는 리듬을 찾는 것이다. 당신의 생활 패턴을 생각해보라. 아침형 인간인가, 저녁형 인간인가? 짧은 시간에 집중하는 타입인가, 긴 시간 몰입하는 타입인가? 매일 조금씩 쓰는 게 편한가, 한 번에 몰아서 쓰는 게 편한가?

리듬 찾기 예시:

① 타입 1: 매일 집필형 - 매일 아침 1시간씩 쓴다. 출근 전이나 저녁 시간을 고정한다. 하루에 500-1000자씩 쓰면, 이틀에 한 편 완성.

② 타입 2: 주말 집중형 - 주중에는 자료 모으고 구상하고, 주말에 2-3편을 몰아서 쓴다. 한 편당 2-3시간. 주말 하루에 두 편 완성 가능.

③ 타입 3: 유동적 집필형 - 특별히 정해진 시간 없이, 쓰고 싶을 때 쓴다. 대신 일주일에 최소 3편은 완성하겠다는 목표만 지킨다.

어떤 타입이든 괜찮다. 다만 자신의 리듬을 정하고, 그것을 지키려고 노력하라. 리듬이 있으면 쓰기가 훨씬 쉬워진다.

2편 - 부담 덜기 - Day 8-9쯤, 두 번째 에세이를 시작한다. 첫 편보다 쉽다. 이미 한 번 완성의 경험이 있기 때문이다. 첫 문장 앞에서 한 시간씩 헤매지 않는다. 그냥 시작하면 된다는 걸 안다.

2편을 쓸 때의 팁:

• 주제를 바꿔라: 첫 편이 아버지 이야기였다면, 두 번째는 일 이야기나 여행 이야기로 넘어가라. 같은 주제를 연속으로 쓰면 지친다. 새로운 주제는 새로운 에너지를 준다.

• 다른 톤을 시도하라: 첫 편이 무겁고 진지했다면, 두 번째는 조금 더 가볍게 써보라. 톤의 변주가 전체 책에 리듬을 만든다.

• 더 짧게 써도 된다: 첫 편이 2500자였다면, 두 번째는 1800자여도 괜찮다. 중요한 것은 완성이지 분량이 아니다.

AI와 2편 시작하기:

나: "두 번째 에세이 시작하려고. 일에 대한 이야기야."

AI: "첫 직장? 현재 직장? 아니면 특정 프로젝트?"

나: "첫 직장. 첫 출근 날."

AI: "첫 편보다 부담 없을 거다. 이미 한 번 완성했으니까. 어떤 장면부터 시작할 건가?"

나: "넥타이 매는 장면." AI: "좋다. 바로 그 장면으로 들어가라."

이렇게 두 번째 에세이는 첫 번째보다 훨씬 수월하게 시작된다. 이미 과정을 알기 때문이다.

문체 체크리스트 만들기 (Day 10) - 3편째를 쓰기 전, 잠깐 멈춰라. 중요한 작업이 하나 남았다. 1주차에 발견한 당신의 문체를 이제 체계화할 시간이다.

첫 편과 두 번째 편을 다시 읽어라. 나란히 놓고 비교하라. 두 편의 톤이 비슷한가? 문장 길이가 일관된가? 같은 대상을 다른 말로 부르지는 않았는가?

만약 두 편의 느낌이 완전히 다르다면, 문체가 아직 안정되지 않은 것이다. 괜찮다. 지금부터 잡으면 된다.

나만의 문체 5가지 정리하기:
Day 10의 유일한 목표다. 글을 쓰지 않아도 된다. 대신 이 5가지만 명확히 정리하라. A4 반 페이지면 충분하다.

① 내 문장 길이:

- 짧다 (10어절 이하)

- 보통 (10-20어절)

- 길다 (20어절 이상) 예: 나는 짧은 문장을 선호한다. 한 문장에 10어절을 넘기지 않는다.

② 내 어휘 성향:

- 쉬운 말 위주

- 섞어 쓴다

- 문학적 표현 선호 예: 나는 한자어를 최소화한다. 순우리말을 선호한다.

③ 절대 안 쓸 표현 3가지:

- ____

- ____

- ____

예: ~것이다, ~라고 할 수 있다, 필자

④ 자주 쓰고 싶은 표현 3가지:

- ____

- ____

- ____

예: 그날, 그래서, 아직

⑤ 내 감정 표현 방식:

- 직접 쓴다 (슬펐다, 기뻤다)

- 우회한다 (장면으로 보여준다)

- 섞어 쓴다 예: 나는 감정을 직접 쓰지 않는다. 행동으로 보여준다.

이 5가지만 정하면 된다. 더 복잡하게 만들지 마라. 이 정도면 충분하다.

왜 지금 정리하는가? - 첫 편을 쓸 때는 자연스러운 문체를 발견하는 단계였다. 두 번째 편까지는 확인하는 단계였다. 이제 세 번째 편부터는 의도적으로 유지하는 단계다. 문체는 발견하는 것이지 만드는 게 아니다.

하지만 발견한 후에는 의식적으로 지켜야 한다. 그래야 12편이 같은 사람이 쓴 것처럼 읽힌다.

AI에게 문체 기준 알리기 – 체크리스트를 만들었으면, 이제 AI에게 알려줘라. 그러면 AI가 당신의 문체를 지키도록 도와준다.

나: "내 문체 기준을 알려줄게. 앞으로 이 기준으로 점검해줘."

AI: "좋다. 말해봐."

나: "첫째, 나는 짧은 문장을 쓴다. 한 문장에 10어절을 넘기지 않으려고 해. 둘째, '~것이다', '~라고 할 수 있다' 같은 표현은 절대 안 써. 셋째, '그날', '그래서', '아직' 같은 단어를 자주 쓴다. 넷째, 감정을 직접 말하지 않고 장면으로 보여준다."

AI: "알겠다. 앞으로 이 기준으로 점검할게. 만약 문장이 너무 길어지거나 금지 표현이 나오면 알려줄게."

이 대화를 한 번만 해두면, 앞으로 9편을 쓸 때 AI가 계속 이 기준을 기억한다. 매번 새로 설명할 필요가 없다.

더 간단한 방법도 있다. 글을 다 쓴 후 AI에게 이렇게 물어봐라.

나: "내 문체 기준에 맞게 썼는지 확인해줘. 특히 긴 문장이나 금지 표현이 있는지 봐줘."

AI: "전체적으로 잘 지켰다. 다만 3번째 문단에 '~것이다'가 두 번 나온다. 그리고 5번째 문단의 한 문장이 25어절로 좀 길다."

나: "어디?"

AI: "이 문장: '아버지가 쓰러진 날 나는 전화기를 든 채로 멍하니 서 있었고 구급대원들이 계단을 올라오는 소리가 들렸다.' 이렇게 두 문장으로 나누면 어떨까: '아버지가 쓰러진 날. 나는 전화기를 든 채로 멍하니 서 있었다. 구급대원들이 계단을 올라오는 소리가 들렸다.'"

나: "훨씬 낫네. 고쳐줘."

이 정도만 해도 문체가 일관되게 유지된다. 복잡한 규칙이나 시스템은 필요 없다.

3-5편 − 가속도 − 문체 체크리스트를 만들고 AI에게 알렸다면, 이제 본격적으로 속도를 낸다. 3편째부터 속도가 붙는다. 글쓰기가 일상이 되고, AI와의 대화도 자연스러워진다. 더 이상 "어떻게 시작하지?" 고민하지 않는다. 그냥 쓴다.

① 3편 (Day 10-11): 리듬이 잡힌다. 쓰기 전 준비 시간이 줄어들고, 초고를 쓰는 속도가 빨라진다. 하루에 1500자 정도는 무리 없이 쓴다.

② 4편 (Day 11-12): 가장 수월한 시기다. 글쓰기가 자연스럽다. 어떤 날은 한 편을 서너 시간 만에 완성하기도 한다.

③ 5편 (Day 13-14): 여기서 살짝 피로가 온다. 5편째 쓰다 보면 "또?"라는 생각이 든다. 정상이다. 이럴 때는 주제를 확 바꾸거나, 하루 쉬고 다시 시작하라.

AI와 대화하며 쓰기 (3-5편):

> 나: "오늘은 엄마 이야기를 쓸 거야."

> AI: "어머니와의 어떤 순간을 쓸 건가?"

> 나: "음... 구체적인 장면이 잘 안 떠올라. 그냥 한 장면만 추천해줘."

> AI: "가장 최근에 어머니를 생각하며 울었던 때는 언제인가?"

> 나: "작년 명절에 전화 통화하다가."

> AI: "그 순간이다. 전화기 너머 어머니 목소리, 당신의 눈물. 거기서 시작하라."

> 나: "이번 에세이는 여행 이야기야. 파리에서 있었던 일."

> AI: "파리의 어떤 장면이 가장 선명한가?"

> 나: "세느강 다리 위에서 본 일몰."

> AI: "그 장면만으로도 충분하다. 일몰, 다리, 강물. 그때의 기분. 그걸 풀어내라."

이렇게 AI는 당신이 쓸 이야기를 찾도록 돕는다. 답을 주는 게 아니라, 질문을 통해 당신 안에 있는 이야기를 꺼내게 한다.

6편 - 중간 점검 - Day 14쯤, 6편을 완성하면 절반이다. 12편 중 6편. 50%의 진도. 여기서 잠깐 멈추고 전체를 점검할 시간이다.

중간 점검 체크리스트:

① 문체가 일관되는가?: 6편을 연달아 읽어보라. 전체적인 문체가 일관되는가?

• 문장 길이가 에세이마다 크게 다르지 않은가?

- 같은 대상을 다른 말로 부르지 않았는가? (예: 아버지→부친→아빠처럼 섞이지 않았는가)
- 금지 표현(~것이다, ~라고 할 수 있다 등)이 여전히 나오지는 않는가?
- 감정 표현 방식이 에세이마다 달라지지 않는가?

1편과 6편이 같은 사람이 쓴 것처럼 느껴져야 한다. 만약 톤이 완전히 다르다면, 남은 6편을 쓸 때 문체 체크리스트를 더 엄격하게 지켜야 한다.

② 톤이 일관되는가?: 어떤 편은 감정적이고 어떤 편은 건조하지는 않은가? 톤의 변주는 괜찮지만, 완전히 다른 목소리가 나오면 조정이 필요하다.

③ 주제가 겹치지 않는가?: 아버지 이야기 3편이 모두 비슷한 내용을 반복하지는 않는가? 각 편이 독립적인 이야기를 하는가?

④ 감정의 강약이 적절한가?: 6편이 모두 무겁고 진지하면 독자가 지친다. 가벼운 에세이, 유머러스한 에세이, 사색적인 에세이가 적절히 섞여 있는가?

⑤ 분량이 고르게 분포하는가?: 어떤 편은 3000자, 어떤 편은 1500자. 편차가 너무 크면 전체 균형이 무너진다. 물론 각 편이 정확히 같을 필요는 없지만, 대략 비슷한 호흡이어야 한다.

AI에게 중간 점검 요청하기:

나: "6편까지 완성했어. 전체적으로 한 번 봐줄래? 특히 문체 일관성을 중심으로."

AI: "6편의 제목과 주제를 나열해봐."

나: [6편의 제목과 간단한 내용 설명]

AI: "전체적으로 문체는 일관되어 있다. 짧은 문장을 잘 지키고 있고, 금지 표현도 거의 없다. 다만 2편과 5편에서 문장이 조금 길어지는 경향이 있다. 톤은 전반적으로 절제되어 있는데, 7-8편쯤에서 한 번 감정의 고조를 만들면 전체 흐름이 더 살아난다. 주제는 아버지와 가족 이야기가 좀 많으니, 일이나 여행 이야기를 조금 더 섞으면 균형이 좋겠다."

나: "2편과 5편의 긴 문장을 지적해줄래?"

AI: "2편의 3번째 문단, 5편의 마지막 문단을 보면 20어절이 넘는 문장들이 있다. 이 부분만 짧게 나누면 전체 문체가 더 일관될 것 같다."

중간 점검 후 조정 – 점검 결과, 조정이 필요하다면 지금 하라. 12편을 다 쓰고 나서 고치는 것보다 지금 방향을 잡는 게 훨씬 쉽다.

조정 방법:

• 남은 6편 중 1-2편의 주제를 바꾸기

• 특정 에세이의 톤 조정 계획 세우기

• 클라이맥스가 될 에세이 선정하기

• 문체 체크리스트 항목 중 약한 부분 강화하기 (예: 긴 문장이 자꾸 나온다면, 남은 편에서는 더 주의)

하지만 너무 완벽하게 만들려고 하지 마라. 대략적인 균형만 맞추면 된다. 세밀한 조정은 4주차 퇴고 때 한다.

12.2 Week 3 (Day 15–21): 에세이 7–11편

7–9편 – 심화 단계 – 3주차에 접어들면, 글쓰기가 완전히 몸에 밴다. 더 이상 "오늘 뭘 쓰지?" 고민하지 않는다. 정해진 순서대로, 혹은 그날의 기분에 따라 주제를 골라 쓴다. 이 시기의 에세이들은 대체로 더 깊어진다. 1-2주차에는 표면적인 이야기를 다뤘다면, 3주차에는 더 속내를 드러낸다. 왜냐하면 이제 글쓰기가 익숙해졌고, 당신이 더 솔직해졌기 때문이다.

7편 (Day 15-16): 다시 속도를 낸다. 중간 점검에서 얻은 방향성을 바탕으로 쓴다. 이전보다 더 자신감 있게 쓴다.

AI와 7편 시작하기:

나: "7편 시작하려고. 이제 더 깊은 이야기를 써야 할 것 같아."

AI: "어떤 이야기?"

나: "아버지와의 마지막 대화."

AI: "무거운 주제다. 준비됐나?"

나: "모르겠어. 근데 이제 쓸 때가 된 것 같아."

AI: "좋다. 천천히 써도 된다. 필요하면 거리를 두고 써라. 3인칭으로 먼저 쓰는 것도 방법이다."

8편 – 감정의 정점 – 8편은 특별하다. 12편 중 정확히 3분의 2 지점. 전체 구성에서 이 위치는 클라이맥스가 오기 좋은 자리다. 가장 강렬한 이야기, 가장 감정적인 이야기를 여기 배치했다면, 이제 쓸 때다.

8편의 특징:

- 전체 에세이 중 가장 강렬한 감정
- 가장 솔직한 고백이나 가장 아픈 기억
- 독자에게 가장 강한 인상을 남길 에세이

이 에세이를 쓸 때는 두려움이 올 수 있다. "이걸 써도 될까?" "이렇게까지 드러내도 되나?" 정상적인 반응이다. 깊은 이야기일수록 쓰기 어렵다.

AI 활용 (감정 처리):

> 나: "너무 아픈 기억이라 쓰기 힘들어."
>
> AI: "한 발짝 떨어져서 관찰자처럼 써보면 어떨까?"
>
> 나: "어떻게?"
>
> AI: "3인칭으로 먼저 쓴 다음, 1인칭으로 바꿔보라. '그는 눈물을 흘렸다'로 쓰면 조금 덜 아프다. 나중에 '나는 눈물을 흘렸다'로 바꾸면 된다."
>
> 나: "그럼 감정이 약해지지 않을까?"
>
> AI: "오히려 더 절제되어서 강해질 수 있다. 일단 써보고 판단하라."

이렇게 AI는 기술적인 방법을 제안한다. 감정적으로 힘든 이야기를 쓸 때, 거리를 두는 방법. 이건 많은 작가들이 사용하는 기법이다.

8편을 쓰는 과정:

① Day 17 오전: 3인칭으로 초고 작성 – "그는 전화를 받았다. 아버지가 쓰러졌다는 소식이었다. 그는 아무 말도 하지 못했다."

② Day 17 오후: 계속 3인칭으로 끝까지 - 일단 끝까지 쓴다. 3인칭으로 쓰면 감정적 거리가 생겨서 쓰기가 수월하다. 2000자 완성.

③ Day 18: 1인칭으로 전환 - "나는 전화를 받았다. 아버지가 쓰러졌다는 소식이었다. 나는 아무 말도 하지 못했다." 3인칭을 1인칭으로 바꾸는 순간, 감정이 확 다가온다. 그런데 이미 글은 완성되어 있다. 이제는 문장을 다듬으면 된다.

④ Day 18 저녁: 퇴고 - 감정이 과하게 드러난 부분은 절제하고, 오히려 담담한 부분은 조금 더 디테일을 추가한다. 균형을 맞춘다.

이렇게 8편을 완성한다. 가장 어려운 에세이였지만, 가장 강렬한 에세이가 된다.

9편 - 클라이맥스 이후 - 8편이 감정의 정점이었다면, 9편은 그 이후다. 강렬한 이야기 다음에는 조금 더 차분한 이야기가 와야 한다. 독자에게 숨 돌릴 시간을 줘야 한다.

9편 선택 기준:

• 8편보다 가벼운 주제

• 사색적이거나 회상적인 톤

• 독자가 감정을 정리할 수 있는 이야기

예시: 8편이 "아버지의 죽음"이었다면, 9편은 "아버지와 함께 걷던 산 책길"처럼 잔잔한 기억이 좋다. 8편이 "이별의 순간"이었다면, 9편은

"그 이후의 일상"처럼 담담한 이야기가 적절하다.

10-11편 - 마무리 준비 - Day 19-21. 10편과 11편을 쓴다. 여기까지 오면 결승선이 보인다. 12편 중 11편. 91.6%의 진도. 거의 다 왔다. 하지만 여기서 함정이 있다. "거의 다 왔으니까 힘내자!" 하고 마지막 에너지를 쏟아붓는 순간, 정작 12편을 쓸 힘이 남지 않는다. 마지막 편은 가장 중요한 편이다. 전체를 마무리하고 여운을 남기는 편이다. 그 편을 위해 에너지를 남겨둬야 한다.

10-11편 전략:

• 분량을 조금 줄여도 된다 (1800-2000자 정도)

• 무리해서 하루에 한 편씩 쓰지 말고, 이틀에 한 편 리듬 유지

• 마지막 편을 위한 여력 남기기

AI와 에너지 관리 대화:

나: "10편까지 왔어. 근데 좀 지쳐."

AI: "당연하다. 10편을 3주 만에 썼으니까. 분량을 줄여도 된다."

나: "2000자 목표였는데?"

AI: "1500자로 줄여라. 중요한 건 멈추지 않는 것이다. 완벽한 10편보다, 완성된 12편이 낫다."

나: "그래도 괜찮을까?"

AI: "11편까지 왔는데 괜찮지 않을 리가 없다. 마지막 편을 위해 힘을 남겨둬라."

11편 완성의 의미 - Day 21 저녁쯤, 11편을 완성한다. 이제 남은 건 단 한 편. 마지막 편은 4주차에 쓴다. 지금은 쉬어야 한다. 11편을 쓴 당신은 더 이상 초보 작가가 아니다. 2만 자가 넘는 글을 썼다. A4로 20여장. 원고지 100매 이상. 이건 작은 책 한 권 분량이다.

여기까지 오는 동안 당신은 많이 배웠다. 어떻게 시작하는지, 어떻게 장면을 묘사하는지, 어떻게 감정을 절제하는지. AI와 어떻게 협업하는지, 슬럼프가 왔을 때 어떻게 극복하는지. 그리고 무엇보다, 당신만의 일관된 문체를 어떻게 유지하는지.

이제 당신은 작가다. 마지막 한 편만 쓰면 된다.

12.3 위기 관리

2-3주차는 리듬의 시기지만, 동시에 위기의 시기이기도 하다. 매일 쓰다 보면 지치고, 지치면 의심이 온다. "이게 맞나?" "계속해야 하나?" "내 글이 형편없는 건 아닐까?" 이런 순간은 누구에게나 온다. 정상이다. 위기를 극복하는 방법을 알면, 계속 나아갈 수 있다.

막힐 때 - 어떤 날은 아무리 해도 글이 안 써진다. 첫 문장 앞에서 한 시간을 보낸다. 쓰다가 지운다. 다시 쓰다가 또 지운다. 이럴 때 필요한 건 돌파가 아니라 우회다.

① 방법 1: 장르 바꾸기 – 에세이가 안 써지면, 편지 형식으로 써보라.

원래: "아버지가 쓰러진 날, 나는…" 편지 형식: "아버지, 그날 일을 쓰려고 해요. 아버지가 쓰러진 날. 제가 어떻게 했는지 기억하세요?"

편지 형식으로 쓰면 훨씬 자연스럽게 쓰인다. 나중에 에세이 형식으로 바꾸면 된다.

② 방법 2: 시점 전환 – 1인칭이 안 되면, 2인칭이나 3인칭으로 써보라.

1인칭: "나는 전화를 받았다."

2인칭: "너는 전화를 받았다. 아버지가 쓰러졌다는 소식."

3인칭: "그는 전화를 받았다. 손이 떨렸다."

시점을 바꾸면 거리가 생긴다. 거리가 생기면 쓰기가 수월해진다. 나중에 다시 1인칭으로 바꾸면 된다.

③ 방법 3: AI에게 질문 받기 – 쓰기가 막히면, 오히려 AI에게 질문을 받아라.

나: "글이 안 써져."

AI: "어디서 막혔나?"

나: "시작을."

AI: "그 이야기의 가장 강렬한 순간은 언제인가?"

나: "아버지 손이 차가웠을 때."

AI: "거기서 시작하라. 설명은 나중에."

AI의 질문은 당신의 생각을 정리해준다. 막혔다고 느낄 때, 사실은 생각이 정리되지 않아서인 경우가 많다. 질문에 답하다 보면, 쓸 내용이 명확해진다.

지칠 때 - 3주 동안 10편을 쓰면 지친다. 당연하다. 글쓰기는 육체노동이다. 정신적 피로는 물리적 피로보다 회복이 느리다.

지칠 때 대응법:

① 하루 쉬어도 된다: Day 15쯤, 정말 지치면 하루 완전히 쉬어라. 글 생각도 하지 말고, AI도 열지 말고, 그냥 쉬어라. 하루 쉬고 나면 다시 쓸 수 있다.

② 단, 이틀은 쉬지 마라: 하루는 괜찮지만, 이틀 쉬면 리듬이 깨진다. 사흘 쉬면 다시 시작하기가 너무 어려워진다. 최대 하루만 쉬고, 다음 날은 짧게라도 쓰라.

③ 분량을 줄여라: 지칠 때는 2000자 목표를 1500자로 낮춰라. 완벽한 한 편보다, 완성된 12편이 목표다.

④ 주제를 바꿔라: 무거운 주제에서 가벼운 주제로 바꿔라 여행 이야기, 일상적인 이야기처럼 상대적으로 부담 없는 주제를 쓰면 에너지가 회복된다.

의심될 때 - "내 글이 형편없는 건 아닐까?" 이 의심은 2주차 중반쯤 찾아온다. 5-6편을 쓰고 나면, 문득 자신의 글이 별로라는 생각이 든다. 평범하고, 진부하고, 누구나 쓸 수 있는 이야기 같다는 생각. 이건 착각이다.

당신이 성장했기 때문에 오는 착각이다.

의심 극복법:

① 첫 편을 다시 읽어라: 1주차에 쓴 첫 번째 에세이를 다시 읽어보라. 지금 쓰는 글과 비교하라. 벌써 문장이 더 자연스럽고, 구성이 더 탄탄하고, 표현이 더 정확해졌음을 느낄 것이다. 당신은 이미 성장했다. 첫 편과 지금 글을 비교하면, 그 성장이 보인다. 성장했기 때문에 예전 글이 별로 보이는 것이다.

② AI에게 확인받아라: 의심이 들 때, AI에게 솔직하게 물어라.

나: "내 글 수준이 어때?"

AI: "지금까지 쓴 글들을 보면, 초고 단계치고는 잘 쓰고 있다. 특히 장면 묘사와 감정 절제가 좋아졌다. 첫 편과 비교하면 확연히 달라졌다."

나: "정말?"

AI: "1편과 6편의 첫 문단을 비교해봐. 1편은 조금 설명적이었는데, 6편은 바로 장면으로 들어간다. 이건 분명한 성장이다."

AI의 객관적인 피드백은 의심을 덜어준다. 물론 AI가 과도하게 칭찬할 때도 있다. 하지만 구체적인 비교를 요청하면, AI는 정확한 피드백을 준다.

포기하고 싶을 때 - 2-3주차 어디쯤, 한 번쯤은 포기하고 싶다는 생각이 든다. "이걸 왜 하고 있지?" "끝까지 쓸 수 있을까?" "이게 무슨 의미가 있을까?"

이 생각이 들면, 숫자를 보라.

AI 격려 받기:

나: "포기하고 싶어."

AI: "지금까지 몇 편을 완성했나?"

나: "9편."

AI: "12편 중 9편. 75%다. 지금 포기하면 75%에서 멈춘다. 3편만 더 쓰면 100%다. 3편."

나: "근데 3편이 너무 멀게 느껴져."

AI: "오늘 하나만 써라. 그럼 10편이 된다. 내일 하나 더 쓰면 11편. 모레 마지막 편을 쓰면 12편. 3일이면 끝난다."

숫자로 보면 명확해진다. 포기하고 싶을 때는 대개 전체를 보기 때문이다. 남은 3편이 아니라, '아직도 써야 한다'는 막연한 부담만 보인다. 하나씩 보라. 오늘 한 편. 그것만 생각하라. 오늘 한 편을 쓰면, 내일은 내일의 한 편을 쓴다. 그렇게 3일이면 끝난다.

슬럼프는 일시적이다 - 슬럼프, 막힘, 의심, 피로. 이 모든 것은 일시적이다. 하루 이틀 지나면 다시 쓸 수 있다. 중요한 것은 완전히 멈추지 않는 것이다. 하루 쉬어도 된다. 짧게 써도 된다. 어설프게 써도 된다. 하지만 완전히 멈추지는 마라. 리듬이 깨지면 다시 시작하기가 너무 어렵다.

슬럼프 극복의 핵심:

• 완벽을 포기하라

• 분량을 줄여라

• 하루만 쉬어라

• 다시 시작하라

슬럼프는 당신이 부족해서가 아니다. 당신이 진지하게 글을 쓰고 있기 때문이다. 진지한 작가는 누구나 슬럼프를 겪는다.

12.4 2-3주차 마무리

2-3주차는 마라톤의 중반전이다. 가장 지루하고 가장 지치는 구간이다. 하지만 여기를 통과하면 결승선이 보인다. 당신은 지금 11편을 완성했다. 3주 전만 해도 빈 화면 앞에서 막막했던 당신이, 이제 2만 자가 넘는 글을 썼다. 이건 단순히 글자 수의 문제가 아니다. 당신이 더 나은 작가가 되었다는 증거다.

11편을 쓴 당신의 변화:

• 첫 문장 앞에서 더 이상 한 시간씩 헤매지 않는다

• AI와 자연스럽게 대화하며 글을 다듬는다

• 감정을 절제하는 방법을 안다

• 장면으로 보여주는 것과 설명하는 것의 차이를 안다

• 슬럼프가 와도 다시 시작하는 방법을 안다

• 무엇보다, 당신만의 일관된 문체를 유지하는 방법을 안다

이 모든 것을 3주 만에 배웠다. 이제 당신은 다른 사람이다. 글을 쓰기 전의 당신과, 11편을 쓴 지금의 당신은 다르다. 마지막 한 편이 남았다. 12편째는 단순히 하나를 더 쓰는 게 아니다. 전체를 완성하는 편이다. 여운을 남기는 편이다. 이 편을 위해 4주차가 있다.

지금은 쉬어라. 충분히 쉬어라. 4주차는 마지막 편을 쓰고, 전체를 퇴고하고, 완성하는 주다. 그 전에 에너지를 채워야 한다. 당신은 여기까지 잘 왔다. 이미 거의 다 왔다. 마지막 한 걸음만 남았다.

CHAPTER 13

4주차: 통합과 완성 (Day 22-30)

마지막 주가 시작된다. 11편이 완성되어 있고, 이제 남은 것은 마지막 한 편과 전체를 하나로 엮는 작업이다. 4주차는 쓰기보다 다듬기에 가깝다. 개별 에세이들을 하나의 책으로 완성하는 시간이다.

이 주에 가장 조심해야 할 것은 완벽주의다. "이제 거의 다 왔으니 완벽하게 만들자"는 생각이 오히려 완성을 방해한다. 완벽한 책은 없다. 다만 완성된 책이 있을 뿐이다.

4주차의 목표는 명확하다. 마지막 편을 쓰고, 전체를 퇴고하고, 서문과 후기를 더하고, 30일 만에 12편의 에세이집을 완성하는 것. 더도 말고 덜도 말고, 완성하는 것. 그것으로 충분하다.

13.1 Day 22-23: 마지막 에세이

13.1.1 12편의 특별함 – 마지막 에세이는 특별하다. 다른 11편과 달리,

이 에세이는 전체를 마무리하는 역할을 한다. 독자가 책을 덮는 순간, 마지막으로 남는 여운이 이 에세이에서 온다. 그런데 역설적이게도, 12편은 가장 쓰기 쉽다. 11편을 쓰며 쌓은 모든 경험이 녹아 있기 때문이다. 첫 문장을 어떻게 시작할지, 장면을 어떻게 묘사할지, 감정을 어떻게 절제할지. 이 모든 것을 이제 자연스럽게 안다.

12편을 쓰기 전 질문들:

• 전체를 어떻게 마무리할 것인가?
• 독자에게 어떤 여운을 남길 것인가?
• 1편과 연결할 것인가, 독립적으로 끝낼 것인가?

이 질문들에 답하고 나면, 12편의 방향이 명확해진다.

대미 장식하기 – 12편은 단순히 하나를 더 쓰는 게 아니다. 전체를 완성하는 편이다. 그래서 1편과 연결하는 구조를 만들면 강력하다. 순환 구조는 독자에게 완결감을 준다.

AI와 구조 잡기:

나: "12편을 어떻게 끝내야 할까?"

AI: "1편과 연결되면 어떨까?"

나: "순환 구조?"

AI: "1편의 첫 문장이 무엇이었나?"

나: "아버지의 빈 의자..."

AI: "12편 마지막을 '그 의자에 이제 내가 앉아 있다'로 끝내면?"

나: "오. 그럼 전체가 하나로 연결되겠다."

AI: "처음과 끝이 닿으면, 12편이 하나의 이야기처럼 읽힌다."

이렇게 순환 구조를 만들면, 12편의 개별 에세이가 하나의 긴 이야기처럼 느껴진다. 물론 꼭 순환 구조여야 하는 건 아니다. 독립적으로 끝내도 괜찮다. 다만 1편과 12편이 대화하듯 연결되면, 전체 완성도가 높아진다.

12편 쓰는 과정

① Day 22 오전: 구조 잡기 – 1편을 다시 읽는다. 어떤 이미지로 시작했는지, 어떤 감정으로 끝났는지 확인한다. 12편에서 그것을 어떻게 마무리할지 계획한다.

② Day 22 오후: 초고 작성 – 이제는 초고를 빠르게 쓸 수 있다. 2-3시간이면 2000자 초고가 완성된다. 11편을 쓰며 속도가 붙었기 때문이다.

③ Day 22 저녁: 하루 숙성 – 쓰고 나서 바로 다듬지 않는다. 하루를 둔다. 거리를 두고 보면 더 명확하게 보인다.

④ Day 23 오전: 퇴고 – 어제 쓴 12편을 처음부터 다시 읽는다. 어색한 문장을 고치고, 불필요한 부분을 덜어낸다. 특히 마지막 문단, 마지막 문장에 신경 쓴다.

⑤ Day 23 오후: 1편과 연결 확인 – 1편과 12편을 연달아 읽는다. 둘이 자연스럽게 연결되는가? 톤이 일관되는가? 필요하면 약간 조정한다.

여운 만들기 - 12편의 마지막 문장은 특별히 신경 써야 한다. 독자가 책을 덮는 순간, 그 문장이 남는다. 교훈을 주려고 하지 말고, 그냥 이미지나 장면으로 끝내는 게 좋다.

좋은 마지막 문장 예시:

"그 의자에 이제 내가 앉아 있다." → 간결하고 강렬하다. 순환을 완성한다.

"창밖으로 봄이 오고 있었다." → 계절의 변화는 시간의 흐름, 회복, 새로운 시작을 암시한다.

"우리는 그렇게 계속 걸었다." → 끝이 아니라 계속됨을 보여준다. 여운이 남는다.

피해야 할 마지막 문장:

"이제 나는 모든 것을 이해했다." → 너무 직접적이다. 독자에게 여운을 남기지 못한다.

"그렇게 나는 성장했다." → 설명적이다. 독자가 스스로 느끼게 해야 한다.

마지막 문장은 짧을수록 좋다. 10단어 이내. 이미지나 행동으로 끝내라. 독자가 책을 덮고도 그 문장을 생각하게 만들어라.

12편 완성의 의미 - Day 23 저녁, 12편을 완성한다. 이저 12편의 에세이가 모두 있다. 약 2만 5천 자. A4로 20여장. 원고지 120매. 이건 작은 책 한 권이다. 30일 전, 빈 화면 앞에서 막막했던 당신이 이제 12편의 에세이를 가지고 있다. 완벽하지 않지만, 완성했다. 이게 얼마나 대단한 일인지 잠깐 생각해보라.

대부분 사람들은 "언젠가 책을 쓰고 싶다"고 말만 한다. 당신은 실제로 썼다. 30일 만에. AI와 함께. 이제 남은 것은 이 12편을 하나로 엮는 작업이다.

13.2 Day 24-25: 전체 퇴고

12편 통독 - Day 24 오전, 이제 전체 퇴고를 시작한다. 가장 먼저 할 일은 12편을 처음부터 끝까지 한 번에 읽는 것이다. 작가가 아니라 독자가 되어서.

통독의 목적:
• 전체 흐름 파악
• 지루한 부분 발견
• 반복되는 표현 확인
• 감정 곡선 점검
• 문체 일관성 확인

한 번에 읽어야 한다. 중간에 멈추지 말고, 독자가 읽듯이 처음부터 끝까지. 그러면 개별 에세이를 쓸 때는 못 보던 것들이 보인다.

통독 체크리스트 - 통독하며 체크할 것들:
① 문체가 일관되는가?: 이것이 가장 중요하다. 12편을 연달아 읽으면서

다음을 확인하라:

- 문장 길이가 에세이마다 크게 다르지 않은가? 어떤 편은 짧은 문장, 어떤 편은 긴 문장으로 쓰였다면 통일이 필요하다.
- 같은 대상을 다른 말로 부르지 않았는가? "아버지"로 시작했다가 "부친", "아빠"로 바뀌면 독자가 혼란스럽다.
- 금지 표현(~것이다, ~라고 할 수 있다 등)이 여전히 남아있지 않은가? 2주차에 정한 금지 표현이 후반부 에세이에 슬쩍 들어가 있을 수 있다.
- 감정 표현 방식이 에세이마다 달라지지 않는가? 어떤 편은 "슬펐다"고 직접 쓰고, 어떤 편은 장면으로 보여주면 일관성이 떨어진다.
- 1편과 12편이 같은 사람이 쓴 것처럼 느껴지는가? 가장 중요한 질문이다. 30일의 여정을 거치며 문체가 변했을 수 있다. 1편을 12편의 문체에 맞춰 조정해야 할 수도 있다.

② 전체 흐름이 자연스러운가?: 1편에서 12편으로 넘어가는 흐름이 자연스러운가? 어떤 에세이는 앞뒤와 동떨어진 느낌이 들지 않는가? 순서를 바꿔야 할 에세이는 없는가?

③ 지루한 부분은 없는가?: 어떤 에세이, 어떤 문단에서 속도가 느려지는가? 독자가 건너뛰고 싶어할 만한 부분은 없는가?

④ 감정 곡선이 적절한가?: 12편이 모두 무겁고 진지하면 독자가 지친다. 가벼운 에세이, 유머가 있는 에세이, 사색적인 에세이가 적절히 섞여 있는가?

⑤ 반복되는 표현은 없는가?: "눈물이 흘렀다"를 세 편에서 쓰지 않았는가?

"그때 나는 깨달았다"를 너무 자주 쓰지 않았는가? 비슷한 문장 구조가 반복되지 않는가?

통독하며 메모한다. 어떤 부분을 고쳐야 할지, 어떤 에세이의 순서를 바꿔야 할지. 하지만 읽는 중간에 고치지는 마라. 일단 끝까지 읽고, 그다음에 고친다.

체크리스트 예시:

- 1편의 문장 길이를 2-12편 스타일에 맞춰 조정
- 3편에서 "부친"이라는 단어 사용 → "아버지"로 통일
- 5편과 8편에 "~것이다" 표현 각 2회 발견 → 제거
- 3편과 4편 순서 바꾸기 고려
- 5편 중간 부분 500자 정도 줄이기
- 7편과 9편에서 "그리워졌다" 표현 반복됨 - 하나는 다른 표현으로
- 11편 마지막 문단 다듬기
- 전체적으로 쉼표가 많음 - 일부 마침표로 바꾸기

이렇게 구체적으로 메모하면, 퇴고할 때 방향이 명확하다.

문체 일관성 최종 점검 - 통독으로 큰 그림을 봤다면, 이제 문체에 집중해서 한 번 더 점검한다. 2주차에 만든 문체 체크리스트를 꺼내라.

문체 체크리스트 다시 확인:

1편부터 12편까지 다시 훑으며 다음을 확인한다:

① 내 문장 길이 기준을 지켰는가? - 무작위로 각 편에서 문장 5개씩 골라 어절 수를 센다. 평균이 처음 정한 기준(짧다/보통/길다)과 맞는가?

② 금지 표현 3가지가 여전히 남아있지 않은가? - 검색 기능을 사용해 금지 표현을 찾아낸다. 발견되면 모두 제거하거나 다른 표현으로 바꾼다.

③ 자주 쓰기로 한 표현 3가지를 적절히 사용했는가? - 너두 과하지도, 너무 적지도 않게. 12편 전체에 고르게 분포하는가?

④ 감정 표현 방식이 일관되는가? - 직접 표현하기로 했다면 모든 편에서 직접 표현. 우회하기로 했다면 모든 편에서 우회. 섞이지 않았는가?

⑤ 어휘 톤이 일관되는가? - 순우리말 위주로 쓰기로 했다면, 갑자기 한자어 투성이인 편은 없는가?

이 점검은 지루하지만 중요하다. 문체의 일관성이 전체 책의 완성도를 결정한다.

AI 활용 일관성 체크 - 통독과 자체 점검으로 큰 문제들을 찾았다면, 이제 AI를 활용해 세밀하게 점검한다. 특히 문체의 일관성, 톤의 일관성은 AI가 잘 찾아낸다.

문체 일관성 점검 대화:

나: "12편의 문체 일관성을 점검해줘. 특히 문장 길이, 어휘 선택, 톤이 일관되는지 확인해줘. 내 기준은 이거야: [2주차에 만든 문체 체크리스트 붙여넣기]"

AI: "알겠다. 각 편의 첫 단락을 보여줘. 그걸 먼저 비교해 보자."

나: [12개 첫 단락 제시]

AI: "전체적으로 짧은 문장 스타일을 잘 유지하고 있다. 다만 몇 가지 지적할 부분이 있다: 1. 3편과 7편만 설명으로 시작한다. 나머지는 장면으로 시작하는데, 이 두 편만 톤이 다르게 느껴진다. 2. 1편은 문장이 평균 15어절인데, 11-12편은 평균 8어절이다. 후반부로 갈수록 문장이 짧아졌다. 1편을 후반부 스타일에 맞춰 조정하는 게 좋겠다. 3. 5편에서 '것이다'가 3회, 8편에서 2회 발견된다. 금지 표현인데 남아있다."

나: "구체적으로 어디?"

AI: "5편 세 번째 문단: '이것은 중요한 것이다', '나에게 큰 의미가 있는 것이다', '잊을 수 없는 것이다'. 8편 마지막 문단: '그것이 전부인 것이다', '이해하게 된 것이다'."

나: "이 문장들을 내 스타일로 고쳐줘."

AI: "5편: '이것은 중요했다', '나에게 큰 의미가 있었다', '잊을 수 없었다'. 8편: '그것이 전부였다', '이해하게 되었다'. 더 간결하고 당신의 짧은 문장 스타일과 맞는다."

어휘 일관성 점검 대화:

나: "같은 대상을 다른 말로 부른 적 있어?"

AI: "있다. 아버지를 지칭할 때 1-6편은 '아버지', 7편은 '부친', 9편은 '아빠', 11편은 다시 '아버지'다."

나: "'아버지'로 통일해줘. 7편과 9편에서."

AI: "알겠다. 통일했다."

문장 길이 분석 요청:

나: "각 편의 평균 문장 길이를 분석해줘."

AI: "분석 결과: • 1편: 15어절 • 2-6편: 12-13어절 • 7-12편: 8-10어절 후반으로 갈수록 문장이 짧아졌다. 이건 자연스러운 현상이다. 글쓰기에 익숙해지면서 불필요한 말이 줄어든 것이다. 1편을 후반부 스타일에 맞춰 다듬는 걸 추천한다."

나: "1편의 긴 문장들을 찾아서 짧게 나눠줘."

AI: "1편 두 번째 문단: '아버지가 쓰러진 날 나는 전화기를 든 채로 덩하니 서 있었고 구급대원들이 계단을 올라오는 소리가 들렸다.' → '아버지가 쓰러진 날. 나는 전화기를 든 채로 멍하니 서 있었다. 구급대원들이 계단을 올라오는 소리가 들렸다.'"

이렇게 AI는 패턴의 불일치를 찾아낸다. 당신 혼자서는 놓치기 쉬운 부분들이다. 특히 12편 전체를 동시에 비교하는 작업은 AI가 훨씬 효율적이다.

실제 퇴고 작업

① Day 24 오후: 큰 수정 – 통독하며 메모한 내용을 바탕으로 큰 수정을 한다.

- 문체 일관성 조정 (1편 문장 길이 조정, 어휘 통일, 금지 표현 제거)
- 에세이 순서 바꾸기
- 불필요한 문단 삭제
- 너무 짧은 에세이 보강
- 너무 긴 에세이 다이어트

② Day 25 오전: 문장 다듬기 – 이제 문장 단위로 다듬는다. 어색한 표현, 반복되는 단어, 지나치게 긴 문장. 하나씩 고쳐나간다.

③ Day 25 오후: 소리 내어 읽기 - 마지막으로, 전체를 소리 내어 읽는다.
눈으로 읽을 때는 매끄럽던 문장이, 소리 내어 읽으면 어색하게 들린
다. 호흡이 끊기는 부분, 발음하기 어려운 부분을 찾아 고친다.

퇴고의 원칙 - 퇴고할 때 기억할 원칙들이 있다.

① 빼는 게 더하는 것보다 낫다: 애매한 문장은 지워라. 불필요한 형용사
는 삭제하라. 간결할수록 강하다.

② 보여주고 말하지 마라: "슬펐다" 대신 "한참을 창밖을 봤다." "기뻤다"
대신 "입가에 미소가 번졌다."

③ 반복을 두려워하지 마라, 다만 의도적으로: 같은 단어를 반복하면 리듬
이 생긴다. 다만 의도 없는 반복은 단조롭다. 의도적 반복과 실수로 인
한 반복을 구별하라.

④ 문체의 일관성을 최우선으로: 개별 문장이 아무리 좋아도, 전체 문체와
맞지 않으면 이질적으로 느껴진다. 문체 체크리스트를 지켜라.

⑤ 완벽을 추구하지 마라: 퇴고는 끝이 없다. 언제까지고 고칠 수 있다. 하
지만 어느 순간 멈춰야 한다. 80% 정도 만족스러우면 충분하다.

13.3 Day 26-27: 서문과 후기

독자에게 건네는 인사 - 12편의 에세이가 완성되었다. 하지만 책으로 만
들려면 두 가지가 더 필요하다. 서문과 후기.

서문은 독자에게 건네는 초대장이고, 후기는 이별 인사다. 서문은 독자가
가장 먼저 읽는 부분이다. "이 책은 어떤 책인가?" "왜 읽어야 하는가?" 이

질문에 답한다. 후기는 독자가 마지막으로 읽는 부분이다. 책을 다 읽은 독자와 나누는 짧은 대화다.

서문 쓰기 - 서문은 길 필요가 없다. 500-700자 정도면 충분하다. A4 반 페이지. 너무 길면 오히려 부담스럽다.

서문에 담을 내용:

① 왜 이 책을 썼는가? - 어떤 계기로 이 에세이들을 쓰게 되었나? 꼭 거창한 이유가 아니어도 된다. "기록하고 싶었다" "잊고 싶지 않았다" 이 정도로도 충분하다.

② 독자에게 무엇을 전하고 싶은가? - 이 책을 읽는 독자가 무엇을 느꼈으면 하는가? 위로? 공감? 용기? 간결하게 한 문장으로.

③ 이 책을 어떻게 읽으면 좋은가? - 순서대로 읽어도 되고, 끌리는 편부터 읽어도 된다. 독자에게 자유를 준다.

서문 예시:

"30일 동안 12편의 에세이를 썼다. 아버지, 일, 사랑, 여행. 내 삶의 조각들이다. 완벽하지 않지만, 솔직하게 썼다. 이 이야기들이 누군가에게 작은 위로가 되길 바란다. 순서대로 읽어도 되고, 끌리는 제목부터 읽어도 된다. 당신의 속도로 읽어주길."

이 정도면 충분하다. 거창한 서문보다, 솔직하고 짧은 서문이 낫다.

후기 쓰기 - 후기는 서문보다 조금 더 자유롭다. 30일간의 여정을 돌아보고, 독자에게 감사를 전하고, 다음을 암시한다.

후기에 담을 내용:

① 30일의 여정 회고 - 30일 동안 무엇을 느꼈나? 처음엔 막막했지만 점점 익숙해졌다. 슬럼프도 있었지만 완성했다. 솔직하게 쓴다.

② 감사 인사 - 누구에게 감사하고 싶은가? AI에게? 응원해준 가족이나 친구에게? 여기까지 읽어준 독자에게? 간단히 언급한다.

③ 다음 계획 암시 - 이것이 끝이 아니라 시작임을 암시한다. "앞으로도 계속 쓸 것이다" "다음 주제를 구상 중이다" 정도로.

후기 예시:

"30일 전, 빈 화면 앞에 앉았다. 막막했다. 하지만 하루하루 썼고, 어느새 12편이 되었다. AI가 도와주었고, 몇몇 친구가 응원해주었다. 무엇보다, 여기까지 읽어준 당신에게 감사한다. 이것이 끝은 아니다. 앞으로도 계속 쓸 것이다. 다음에 또 만나자."

후기도 길 필요 없다. 700-1000자 정도. 독자와 나누는 짧은 작별 인사.

서문과 후기 쓰는 타이밍 - 서문과 후기는 12편을 다 쓰고 나서 써야 한다. 처음부터 쓰면 억지스럽다. 12편을 완성하고 나면, 자연스럽게 무엇을 말해야 할지 보인다.

 | AI와 함께 쓰는 자전적 에세이: 실전 가이드

① Day 26: 서문 쓰기 - 오전에 서문 초고를 쓴다. 500자 정도. 너무 고민하지 않는다. 오후에 한 번 더 다듬는다.

② Day 27: 후기 쓰기 - 오전에 후기 초고를 쓴다. 700자 정도. 30일의 여정을 돌아보며 솔직하게 쓴다. 오후에 다듬는다.

서문과 후기를 쓰고 나면, 이제 정말 책의 형태가 갖춰진다. 서문 - 12편의 에세이 - 후기. 하나의 완결된 구조다.

13.4 Day 28-30: 최종 마무리

제목 확정 - 이제 전체 제목을 정할 시간이다. 물론 처음부터 제목을 생각했을 수도 있다. 하지만 12편을 다 쓰고 나면, 더 적절한 제목이 보이기도 한다.

AI와 제목 고민하기:

나: "전체 제목을 뭐로 할까?"

AI: "12편을 관통하는 키워드가 무엇인가?"

나: "상실과 회복?"

AI: "'빈 의자에서 시작된 이야기' 같은 건 어떨까? 1편의 이미지를 가져오면서, 전체를 암시한다."

나: "아니면 '30일의 기록'은 너무 평범한가?"

AI: "제목은 두 가지 방향이 있다. 시적이고 암시적인 제목, 또는 명확하고 직관적인 제목. 당신의 성향은?"

제목은 중요하지만, 완벽할 필요는 없다. 80% 만족스러우면 충분하다. 제목에 일주일을 쓰는 것보다, 일단 정하고 완성하는 게 낫다.

좋은 제목의 조건:
• 기억하기 쉽다
• 내용을 암시한다
• 너무 길지 않다 (10자 이내가 좋다)
• 독자의 호기심을 자극한다

제목 예시:
• "빈 의자의 이야기"
• "30일의 기록"
• "아버지의 시간"
• "쓰면서 배운 것들"

어떤 제목이든, 당신이 애정을 느끼는 제목을 고르라.

목차 정리 – 제목을 정했으면, 이제 목차를 정리한다. 12편의 에세이 제목을 최종 확정하고, 순서를 다시 한번 확인한다.

목차 구성:
• 서문

- 1편 제목

- 2편 제목

- ...

- 12편 제목

- 후기

간단하다. 각 에세이의 제목만 나열하면 된다. 페이지 번호는 나중에 붙여도 된다.

목차를 보며 확인할 것:

- 제목들이 일관된 형식인가? (모두 명사형, 또는 모두 문장형)

- 전체 흐름이 목차만 봐도 보이는가?

- 중복되거나 비슷한 제목은 없는가?

목차는 독자가 책을 펼쳤을 때 가장 먼저 보는 부분이다. 목차만 봐도 "읽고 싶다"는 생각이 들어야 한다.

오탈자 점검 -Day 29, 이제 마지막 점검이다. 오탈자, 띄어쓰기, 문장부호. 세밀한 부분들을 확인한다.

AI 활용하기:

나: "전체 파일을 주고 오탈자만 확인해줘. 문장은 고치지 말고."

AI가 찾아주지만, 최종 확인은 당신이 해야 한다. AI도 가끔 놓친다. 전체를 한 번 더 읽으며 확인한다.

오탈자 점검 팁:

• 거꾸로 읽기 (마지막 문장부터 첫 문장으로)

• 소리 내어 읽기 (어색한 부분이 들림)

• 하루 쉬고 다시 보기 (새로운 눈으로)

Day 30 – 완성 축하 – Day 30. 30일의 여정이 끝나는 날. 이제 모든 작업이 완료되었다. 서문, 12편의 에세이, 후기. 제목과 목차. 오탈자까지 확인했다. 그리고 무엇보다, 문체의 일관성까지 완벽하게 다듬었다. 당신의 첫 책이 완성되었다.

완성의 순간 – 30일 전의 당신과 지금의 당신은 다른 사람이다. 30일 전, 당신은 막연히 "글을 쓰고 싶다"고 생각했다. 지금 당신은 12편의 에세이를 완성한 작가다.

숫자로 보면 이렇다:

• 12편의 에세이

• 약 2만 5천 자

- A4 20장 이상
- 원고지 120매 이상
- 30일

하지만 숫자보다 중요한 것이 있다. 당신이 시작했고, 계속했고, 완성했다는 사실. 슬럼프도 있었고, 의심도 있었지만, 멈추지 않았다. 그것이 가장 중요하다.

마지막 의식 – 완성을 축하하는 작은 의식을 만들어라. 전체 파일을 저장하고, 백업하고, 인쇄해보라. 당신의 첫 책이다.

Day 30 할 일들:

① 전체 파일 저장:최종본을 저장한다. 파일명: "내책_최종_2025.10.30" 같은 식으로 날짜를 넣는다.

② 백업: 클라우드에 백업한다. 이메일로도 자신에게 보낸다. USB에도 저장한다. 소중한 파일이니 여러 곳에 보관한다.

③ 인쇄: 가능하다면 인쇄해보라. 화면으로 보는 것과 종이로 보는 것은 다르다. 손에 쥘 수 있는 형태가 되면, 비로소 '책'이라는 실감이 난다.

④ 누군가에게 보여주기: 가까운 사람에게 보여주라. 가족, 친구, 또는 온라인 커뮤니티에. 피드백을 받기 위해서가 아니다. 완성했다는 사실을 공유하기 위해서다.

⑤ 자축하기: 작은 선물을 하나 사도 좋다. 좋아하는 음식을 먹어도 좋다.

혼자 조용히 축하해도 좋고, 친구들과 함께 축하해도 좋다. 당신은 축하받을 자격이 있다.

완성 후의 감정들 - 완성하고 나면 이상한 감정이 든다. 기쁘기도 하고, 허전하기도 하다. "이제 뭘 하지?" 싶기도 하고, "벌써 끝났나?" 싶기도 하다. 이것도 정상이다. 30일 동안 매일 글을 썼는데, 갑자기 쓸 게 없으니 허전하다. 마라톤을 완주한 사람이 다음 날 무엇을 해야 할지 몰라 하듯이.

완성 후 며칠간:

• 완전히 쉬어라 (글 생각을 안 해도 된다)

• 천천히 다시 읽어보라 (독자의 시선으로)

• 피드백을 받아보라 (하지만 모든 피드백을 수용하지는 마라)

• 다음을 생각해보라 (또 쓸 것인가? 이걸 어떻게 할 것인가?)

다음 스텝 - 완성이 끝이 아니다. 시작이다. 이제 당신 앞에는 여러 선택지가 있다.

① 선택지 1: 출판 - 자비출판, 전자책, 또는 브런치나 블로그에 연재. 어떤 형태로든 세상에 내놓을 수 있다.

② 선택지 2: 계속 쓰기 - 또 다른 12편을 쓸 수도 있다. 30일의 경험이 있으니, 다음은 더 수월할 것이다.

③ 선택지 3: 퇴고 - 지금 완성한 버전은 초고에 가깝다. 더 다듬을 수도 있다. 하지만 서두르지 마라. 몇 달 후에, 더 객관적으로 볼 수 있다.

④ 선택지 4: 보관 – 그냥 보관해도 된다. 출판이 목표가 아니었다면, 완성
   자체로 충분하다. 당신의 기록이자 성장의 증거다.

어떤 선택을 하든, 그것은 당신의 자유다. 중요한 것은 당신이 완성했다는
사실이다.

13.5 4주차 마무리

당신은 작가다 – 30일의 여정이 끝났다. 당신은 시작했고, 계속했고, 완성
했다. 12편의 에세이. 당신의 이야기. 당신의 목소리.

30일 동안 당신이 배운 것들:
• 시작하는 법
• 계속하는 법
• 완성하는 법
• AI와 협업하는 법
• 슬럼프를 극복하는 법
• 완벽을 포기하는 법
• 자신의 목소리를 찾는 법
• 자신의 문체를 발견하고 유지하는 법

이 모든 것을 30일 만에 배웠다. 이제 당신은 더 이상 "글을 쓰고 싶은
사람"이 아니다. "글을 쓴 사람"이다. 작가다. 12편의 에세이와 함께,

당신도 완성되었다. 30일 전의 당신과 지금의 당신은 다르다. 더 용기 있고, 더 솔직하고, 더 자신감 있다. 불가능해 보였던 것을 가능하게 만들었다.

마지막 메시지

완성을 축하한다. 30일이라는 짧은 시간 동안, 당신은 대단한 일을 해냈다. 완벽하지 않아도 괜찮다. 완성했다는 것, 그것만으로 충분하다. 이제 이 책은 당신의 것이다. 세상에 내놓아도 좋고, 소중히 간직해도 좋다. 다시 읽어도 좋고, 다음 책을 시작해도 좋다. 당신은 작가다. 그것을 잊지 마라. 30일 전, 빈 화면 앞에 앉았던 당신이, 이제 12편의 일관된 문체로 쓰인 에세이를 가지고 있다. 그것이 증거다.

계속 쓰기를. 당신의 다음 이야기를 기다린다.

CHAPTER 14

편집과 출간 준비

12편의 에세이를 완성했다. 하지만 완성과 출간 사이에는 아직 한 단계가 남았다. 편집이다. 30일 동안 쓴 글을 독자에게 보여주기 전에, 한 번 더 다듬는 과정이다. 그리고 이 과정에도 AI는 강력한 협력자가 된다.

이 장은 선택적이다. 완성한 글을 그냥 개인 기록으로 남겨도 괜찮다. 하지만 세상에 내놓고 싶다면, 이 과정이 필요하다. 편집, 마무리, 출간, 그리고 독자와의 만남. 각 단계를 현실적으로 살펴본다. 중요한 것은 완벽을 추구하지 않는 것이다. 편집은 글을 완벽하게 만드는 과정이 아니라, 독자가 편하게 읽을 수 있게 만드는 과정이다.

14.1 자가 편집

3단계 편집 – 편집은 한 번에 하는 게 아니다. 세 단계로 나눠서 한다. 각 단계마다 보는 것이 다르다. 한 번에 다 보려고 하면 놓치는 게 많다.

① 1단계: 구조 편집 (큰 그림) – 전체 구조를 본다. 12편의 순서가 적절한가? 흐름이 자연스러운가? 어떤 에세이는 빠져도 되지 않을까? 어떤 에세이는 너무 길지 않은가? 이 단계에서는 문장을 보지 않는다. 숲을 본다. 개별 나무는 나중에 본다.

AI와 구조 편집:

나: "12편의 구조를 전체적으로 봐줘. 각 편의 제목과 핵심 주제를 알려줄게."

AI: "전체적으로 균형 잡혀 있다. 다만 6편과 7편이 모두 무거운 주제라 연속으로 읽으면 독자가 지칠 수 있다. 7편과 8편의 순서를 바꾸면 어떨까? 8편이 중간 톤이라 숨 돌릴 틈을 준다."

나: "분량은?"

AI: "3편이 3500자로 다른 편들(평균 2200자)보다 길다. 핵심을 남기고 500자 정도 줄이면 전체 호흡이 맞을 것 같다."

이렇게 AI는 전체를 조감하며 균형을 잡아준다. 개별 에세이를 쓸 때는 못 보던 전체 그림이 보인다.

② 2단계: 문장 편집 (흐름) – 이제 각 에세이를 하나씩 본다. 문장의 흐름이 자연스러운가? 어색한 표현은 없는가? 불필요하게 긴 문장은 없는가? 이 단계에서는 읽기의 리듬을 본다.

AI와 문장 편집:

나: "이 에세이를 읽고, 흐름이 끊기는 부분이나 반복되는 표현을 찾아줘. 단, 문장을

직접 고치지 말고 지적만 해줘."

AI: "3번째 문단에서 '정말'이 세 번 나온다. 하나는 빼는 게 좋겠다. 5번째 문단 두 번째 문장이 45단어로 너무 길다. 호흡이 끊긴다. 마지막 문단의 '그래서 나는 깨달았다'는 너무 직접적이다."

나: "45단어 문장, 어디서 끊으면 좋을까?"

AI: "쉼표 다음에 끊어서 두 문장으로 만들면 된다. 첫 번째는 행동, 두 번째는 감정으로."

AI는 당신이 놓친 패턴을 찾아낸다. 하지만 직접 고치지 않는다. 고치는 것은 당신의 몫이다. 그래야 당신의 목소리가 유지된다.

③ 3단계: 교정 (오타) - 마지막으로 오탈자, 띄어쓰기, 문장부호를 확인한다. 가장 세밀한 단계다. 이 단계는 천천히 해야 한다. 눈으로만 보면 놓치기 쉽다.

AI와 교정:

나: "전체 12편을 검토해줘. 오탈자, 띄어쓰기, 문장부호만 확인하고, 문장 자체는 건드리지 마."

AI: "확인했다. 2편 4번째 문단 '있엇다' → '있었다', 5편 2번째 문단 '아버지는' 띄어쓰기 오류, 9편 마지막 문장 쉼표 누락, 11편에서 '괜찮다'와 '괜찮다' 혼용 – 통일 필요."

나: "일관된 표기는 뭐가 더 있어?"

AI: "'그리고'로 시작하는 문장이 12편에 걸쳐 있는데, 어떤 편은 쉼표가 있고 어떤 편은 없다. 통일하는 게 좋겠다."

AI는 기계적 오류를 잘 찾는다. 하지만 최종 확인은 사람이 해야 한다. AI도 가끔 놓치거나 오판한다.

소리 내어 읽기 – 눈으로 읽을 때는 매끄럽던 문장이, 소리 내어 읽으면 어색하게 들린다. 호흡이 끊기거나, 발음하기 어렵거나, 리듬이 이상하거나. 전체 12편을 소리 내어 읽어보라. 한 편씩, 천천히. 녹음해서 들어보면 더 좋다.

AI 활용 리듬 체크:

나: "이 문단을 소리 내어 읽었을 때 호흡이 자연스러운지 봐줘."

AI: "두 번째 문장이 길어서 한 호흡에 읽기 어렵다. 쉼표 뒤에서 끊거나, 두 문장으로 나누는 게 좋겠다. 또 '그렇게', '그래서', '그리고'가 연속으로 나와 단조롭게 들린다."

소리 내어 읽기는 가장 효과적인 편집 방법 중 하나다. 시간이 걸리지만, 그만한 가치가 있다.

베타 리더 – 혼자서 편집하면 한계가 있다. 당신 눈에는 안 보이는 것들이 있다. 이때 필요한 것이 베타 리더다. 책이 출간되기 전에 먼저 읽고 피드백을 주는 사람이다. 가족이나 친구 2-3명, 솔직하게 말해줄 수 있는 사람을 선택한다.

AI로 베타 리더 피드백 정리:

나: "베타 리더 세 명이 피드백을 줬어. 내용을 정리해서 어떤 부분을 수정해야 할지 우선순위를 정해줘."

AI: "세 명 모두 3편의 중반부가 지루하다고 했다. 이건 우선순위 1번이다. 두 명이 7편의 마지막이 급하게 끝난다고 했다. 우선순위 2번. 한 명만 지적한 사항들은 개인 취향일 수 있으니 참고만 하면 된다."

AI는 여러 피드백을 정리하고 패턴을 찾아내는 데 유용하다. 모든 피드백을 수용할 필요는 없지만, 반복되는 지적은 진짜 문제일 가능성이 높다.

14.2 전문적 마무리

교정교열 – 자가 편집으로도 많은 것을 할 수 있다. 하지만 전문가의 눈은 다르다. 교정교열 전문가는 당신이 놓친 것들을 찾아낸다. 투자다. 적게는 몇만 원, 많게는 수십만 원이 들 수 있다. 하지만 최소한의 투자로 최대 효과를 낸다. 특히 출간을 고려한다면, 교정교열은 거의 필수다. 물론 예산이 빠듯하다면, 자가 편집과 AI의 도움만으로도 괜찮다.

가독성 – 편집은 문장만 고치는 게 아니다. 가독성도 중요하다. 독자가 편하게 읽을 수 있도록 레이아웃을 조정하는 것이다.

AI와 가독성 점검:

나: "이 에세이의 문단 구조를 봐줘. 독자 가독성 측면에서."

AI: "2번째 문단이 15문장으로 너무 길다. 화제가 바뀌는 8번째 문장에서 문단을 나누면 좋겠다. 4번째 문단은 2문장으로 너무 짧다. 앞 문단과 합치거나 내용을 보강하면 된다. 전체적으로 문단 길이가 고르지 않아 리듬이 불규칙하다."

문단 나누기, 적절한 여백, 장 구분. 이런 것들이 사소해 보이지만 가독성을 크게 좌우한다.

표지와 제목 – 제목은 이미 정했지만, 한 번 더 점검한다. AI와 함께 여러 옵션을 검토할 수 있다.

AI와 제목 브레인스토밍:

> 나: "12편을 관통하는 키워드가 '상실과 회복'이야. 이걸 바탕으로 제목 후보 5개만 들어줘. 10자 이내로."
>
> AI: "1. 빈 의자의 기록 / 2. 상실 이후의 시간 / 3. 회복의 문장들 / 4. 남겨진 것들 / 5. 잃고 찾은 이야기"
>
> 나: "1번이 마음에 드는데, 너무 어둡지 않아?"
>
> AI: "부제를 붙이면 균형을 맞출 수 있다. '빈 의자의 기록: 상실 너머의 이야기들' 같은 식으로. 또는 '빈 의자에서 시작된'으로 바꾸면 시작과 희망의 뉘앙스가 생긴다."

표지 제작도 AI가 도울 수 있다. 직접 만들지는 못하지만, 컨셉을 잡는 데 유용하다.

AI와 표지 컨셉:

> 나: "간단한 표지를 만들려고 해. 컨셉 조언해줘."
>
> AI: "제목이 '빈 의자의 기록'이니, 미니멀한 방향이 좋겠다. 빈 의자 실루엣 하나만

중앙에 배치하고, 제목은 위쪽, 저자명은 아래쪽. 색상은 2-3개로 제한. 베이지나 회색 배경에 어두운 브라운 의자, 제목은 네이비. Canva나 망고보드, 미리캔버스에서 'minimalist book cover' 템플릿 찾아서 수정하면 된다."

14.3 출간 플랫폼

이제 실제로 세상에 내놓을 차례다. 출간 방법은 크게 세 가지다. 각각 장단점이 있다. 정답은 없다. 당신의 목적에 맞게 선택하면 된다.

세 가지 선택

① 종이책: 기획출판, POD(주문형 인쇄), 자비출판 - 물리적 실체가 있다. 비용이 들고 시간이 걸리지만, 손에 쥘 수 있다는 것이 주는 만족감이 크다.

② 전자책: 리디북스, 교보문고, 예스24, 아마존 킨들 - 비용이 거의 없고, 빠르게 출간 가능하다. 전 세계 독자에게 판매할 수 있다. 플랫폼 수수료가 30-50% 정도다.

③ 온라인 연재: 브런치스토리, 네이버 블로그, 티스토리, Medium - 완전 무료로 즉시 공개 가능하다. 독자 반응을 바로 확인할 수 있다. 수익화는 어렵지만 브랜딩에 유용하다.

AI와 플랫폼 선택:

나: "내 목적은 기록과 소량의 수익이야. 예산은 최소화하고 싶고. 어떤 플랫폼이 좋을까?"

AI: "전자책을 추천한다. 리디북스와 교보문고에 동시 출간하면 초기 비용 없이 시작할 수 있다. 가격은 3900-4900원 정도가 적당하다. 인세는 30-40% 수준이니, 100부 팔면 15-20만 원 수익이다. 먼저 브런치에 2-3편 연재해서 반응을 보고, 전자책으로 전환하는 방법도 있다."

나: "종이책은?"

AI: "예산이 빠듯하면 나중에 해도 된다. 전자책 반응이 좋으면 교보문고 POD로 소량(50부) 인쇄할 수 있다. 초기 투자 10-20만 원 정도."

AI는 당신의 상황에 맞는 현실적인 조언을 준다. 각 플랫폼의 장단점, 비용, 예상 수익까지 구체적으로 설명한다.

출간 준비 체크리스트 - AI와 출간 체크리스트 작성:

나: "전자책 출간하려면 뭘 준비해야 해?"

AI: "필수 항목: 1) 최종 원고(docx 또는 epub), 2) 표지 이미지(1600x2400 픽셀 이상), 3) 책 소개(200-300자), 4) 저자 소개(100-150자), 5) 키워드 5-10개, 6) 카테고리 선택, 7) 가격 결정. 선택 항목: 1) 목차 페이지, 2) 저작권 페이지, 3) 헌정사. 리디북스는 신청 후 1-2주 검토 기간이 있다."

이렇게 AI는 단계별로 필요한 것을 정리해준다. 놓치는 것 없이 준비할 수 있다.

14.4 독자와의 만남

첫 주 관리 - 출간 첫 주가 중요하다. 특히 전자책이나 온라인 플랫폼은 초반 노출이 중요하다. 알고리즘이 초기 반응을 본다.

AI와 출간 홍보 전략:

나: "첫 주에 뭘 해야 할까?"

AI: "Day 1: SNS에 출간 소식 공지(페이스북, 인스타). 링크와 표지 이미지 첨부.
Day 2-3: 가까운 지인 50명에게 개인 메시지로 알림. Day 4-5: 글쓰기/독서 커
뮤니티에 소개(자연스럽게). Day 6-7: 베타 리더들에게 리뷰 요청. 첫 주 목표:
조회수 500, 판매 10부, 리뷰 3개." 나: "SNS 홍보 문구 예시 줄래?" AI: "'30일
동안 AI와 함께 쓴 12편의 에세이, 드디어 세상에 내놓습니다. 아버지, 일, 사랑,
여행. 제 삶의 조각들을 담았습니다. 완벽하지 않지만 솔직하게. [링크]' 이 정도로
간결하고 솔직하게."

AI는 구체적 실행 계획과 예시문을 제공한다. 막막할 때 방향을 잡아준다.

피드백 수용 – 독자 피드백이 들어온다. 좋은 피드백도 있고, 비판도 있
다. 어떻게 받아들일 것인가?

AI와 피드백 분석:

나: "독자 피드백 10개가 왔어. 어떻게 정리하지?"

AI: "긍정 7개, 부정 2개, 중립 1개다. 긍정: '3편이 감동적', '문장이 깔끔', '공감됐
다'. 반복되는 긍정 피드백은 당신의 강점이다. 부정: '5편이 지루함', '전체적으로
짧다'. 5편 지루함은 한 명만 지적했으니 개인 취향일 수 있다. '전체적으로 짧다'
는 두 명이 말했는데, 이건 참고할 만하다. 다음 책은 조금 더 길게 써도 되겠다."

AI는 여러 피드백을 패턴으로 정리해준다. 감정적으로 받아들이지 않고,
데이터로 볼 수 있게 도와준다.

장기 관계 - 독자는 한 권의 책으로 끝나지 않는다. 독자는 당신의 다음 책을 기다린다. 관계를 이어가야 한다.

AI와 독자 관계 전략:

나: "출간 후 독자들과 관계를 유지하려면?"

AI: "1) 월간 뉴스레터: 한 달에 한 번, 근황과 짧은 에세이 하나. 2) SNS 주간 업데이트: 일주일에 2-3회, 일상이나 단상. 3) 댓글 응답: 모든 댓글에 답하지 말고, 의미 있는 댓글 위주로. 4) 다음 책 티저: 3개월 후부터 슬슬 언급. '다음 주제는 어머니 이야기' 같은 식으로. 목표: 구독자 100명, 꾸준한 소통."

독자 관계도 AI와 함께 체계적으로 관리할 수 있다.

현실적 기대 - 출간 후 현실적인 기대치를 가져야 한다. 베스트셀러를 꿈꾸는 것은 좋지만, 그것만이 성공은 아니다.

AI와 기대치 조정:

나: "전자책 첫 달에 얼마나 팔릴까?"

AI: "신인 작가, 마케팅 최소, 에세이 장르라면 첫 달 10-50부가 평균이다. 잘 팔리면 100부. 1년 누적 100-500부면 선방이다. 가격 4900원, 인세 40%라면, 100부에 19만 원 수익. 숫자는 작지만, 100명의 독자가 당신의 이야기를 읽었다는 게 중요하다."

나: "실망스러운데?"

AI: "베스트셀러는 1%도 안 된다. 99%는 이 정도다. 하지만 한 명의 독자에게 진심

으로 닿으면 그게 성공이다. 숫자보다 리뷰를 보라. '위로가 됐다' '공감했다' 이
말 하나가 100부 판매보다 가치 있다."

AI는 현실적인 기대치를 제시하면서도, 숫자 너머의 의미를 상기시킨다.

편집과 출간의 의미

편집과 출간은 선택이다. 완성한 글을 꼭 세상에 내놓을 필요는 없다. 당
신 자신을 위해 쓴 것만으로도 충분하다. 하지만 만약 세상에 내놓기로 했
다면, 이 과정들이 필요하다. 편집으로 글을 다듬고, 플랫폼을 선택하고,
독자와 만난다. 그리고 이 모든 과정에서 AI는 당신의 조력자다. 문장을
다듬고, 전략을 제안하고, 현실적인 조언을 준다. 하지만 최종 결정은 여
전히 당신이 한다. AI는 도구이고, 당신은 작가다.

05

스페셜 기획: 작가를 위한 실전 도구 상자

30일 집필 여정은 이 도구 상자들과 함께 완성된다. 도구 1은 여러 장르로 에세이를 확장하는 방법을, 도구 2는 집필 전 과정에서 실제로 쓸 수 있는 60개 프롬프트를, 도구 3은 2400년 문학사의 기법과 감각적 표현법을 담았다. 막힐 때 펼쳐보고, 선택하고, 적용하는 실전 도구 상자다. 필요할 때 찾아 쓰고, 당신의 글쓰기 과정에 자연스럽게 녹여내면 된다. 30일 후, 당신의 손에 12편의 에세이가 완성되어 있을 것이다.

도구 상자를 준비하며 새삼, 이 정도 창작 지원 능력이면 AI는 이미 AGI의 문턱을 넘은 것이 아닐까 싶었다.

작법 툴킷

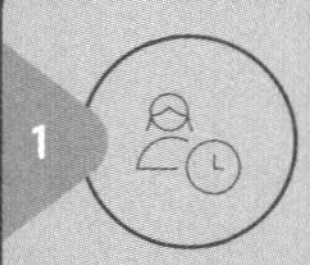

장르, 시점, 톤 변주 가이드. 한 가지 경험을 다양한 이야기로 바꾸는 틀을 제시

도구 1

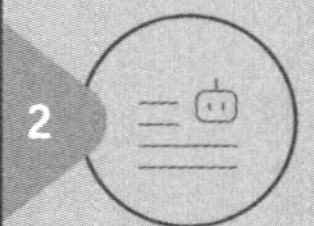

상황별 AI 프롬프트 카드 세트. 기억을 끌어내고, 감정을 선명하게 하고, 장면화를 돕는 질문을 제공

도구 2

문학·서사 기법 미니 사전. 핵심 개념을 한 줄로 다시 풀어 줌

도구 3

도구 1

장르별 변주 가이드

12편의 자전적 에세이를 완성했다면, 이제 다양한 방식으로 변주할 수 있다.
같은 소재를 다른 장르로 재구성하면 전혀 다른 책이 탄생한다.
이 부록에서는 5가지 변주 방법을 구체적으로 소개한다.

변주 1. 가족 연대기

개념

개인의 이야기를 가족사(家族史)로 확장하는 방법이다. 당신의 에세이에 선조와 후손의 이야기를 더해 3대가 연결된 연대기를 만든다.

핵심 원리: 개인 경험 → 가족사 → 시대사

Before/After 예시

Before: "아버지와의 불화" (개인 에세이)

고등학교 2학년 겨울, 아버지와 큰 싸움을 했다. 진학 문제였다. 나는 인문계를, 아버지는 실업계를 원했다. 결국 나는 가출했고, 사흘 만에 돌아왔다. 아버지는 아무 말도 하지 않았다.

→ 개인의 경험, 단일 사건, 감정 중심

After: "3대에 걸친 부자 관계" (가족 연대기)

할아버지는 아버지를 초등학교도 보내지 않았다. 1950년대, 농사일이 더 급했기 때문이다. 아버지는 평생 그것을 한으로 간직했다. 그래서 아버지는 내게 기술을 배우길 원했다.

'공부는 배부른 사람이나 하는 거다.' 나는 그 말이 이해되지 않았다.

고등학교 2학년 겨울, 진학 문제로 큰 싸움을 했다. 나는 가출했다.

사흘 만에 돌아왔을 때, 아버지는 아무 말도 하지 않았다.

지금 나는 중학생 아들이 있다. 며칠 전, 아들이 '예술고등학교에 가고 싶다'고 했다. 순간 아버지의 얼굴이 떠올랐다. 나는 뭐라고 답해야 할까. 내 아들에게 나는 어떤 아버지가 될 것인가.

할아버지-아버지-나-아들. 우리는 모두 다른 시대를 살았지만, 같은 질문 앞에 서 있다.

→ 3대의 이야기, 시대적 맥락, 반복과 변주

변환 방법

1단계: 가족 에세이 선별

• 12편 중 가족이 등장하는 에세이를 모두 추출

• 아버지, 어머니, 형제, 자녀 등 최소 3편 이상

2단계: 시대순 재배열

• 사건 발생 시점을 기준으로 시간순 배열

• 당신의 유년 시절 → 청년기 → 결혼 → 육아 → 현재

3단계: 세대 간 연결고리 만들기

• 각 에세이 사이에 선조/후손의 이야기 추가

• "아버지도 그랬을까?" "내 아들은 어떻게 기억할까?" 같은 질문 삽입

4단계: 시대적 맥락 추가

• 각 세대의 시대적 배경 간략히 삽입

• 1950년대 전쟁, 1980년대 민주화, 2000년대 IMF, 2020년대 팬데믹 등

AI 활용

기본 프롬프트:

나: "아버지에 대한 에세이 3편이 있어. 이걸 가족 연대기로 확장하려면 어떤 요소를 추가해야 할까?"

AI: "세 가지가 필요하다. 첫째, 할아버지 세대 이야기. '아버지는 왜 저랬을까?'의 답은 대개 이전 세대에 있다. 둘째, 자녀와의 연결고리. '나는 아버지와 다른 아버지가 되었나?' 셋째, 각 세대의 시대적 맥락. 할아버지의 1950년대, 아버지의 1980년대, 당신의 2010년대."

심화 프롬프트:

나: "할아버지에 대한 기억이 별로 없어."

AI: "아버지에게 물어보거나, 기록을 찾거나, 상상으로 채워도 된다. '들은 이야기로는' '아버지의 말에 따르면' 같은 전제를 달면 된다. 완벽한 사실보다 정서적 연결이 중요하다."

변주 2. 여행 에세이

개념

외적 여행과 내적 여정을 동시에 다루는 성찰적 여행기로 전환한다. 장소는 무대이고, 진짜 이야기는 그곳에서 일어난 내면의 변화다.

핵심 원리: 관광 경험 → 내면 여정

Before/After 예시

Before: "제주도 출장" (단순 경험)

회사 출장으로 제주도에 갔다. 성산일출봉을 보고, 흑돼지를 먹었다. 날씨가 좋았다. 다음에 가족과 다시 오고 싶다.

→ 관광지 나열, 표면적 경험

After: "제주에서 만난 나" (성찰적 여행기)

제주행 비행기 안에서 나는 사표를 쓰고 있었다. 정확히는 사표를 쓸까 말까 고민하고 있었다. 회사 출장이었지만, 내게는 도망이었다.

성산일출봉에 올랐다. 바다가 보였다. 관광객들은 사진을 찍었지만, 나는 그냥 앉아 있었다.

한 시간쯤. 내려오는 길에 식당에 들어갔다. 흑돼지를 시켰다. 혼자 먹는 고기는 맛이 없었다.

옆 테이블에서 가족들이 웃고 있었다.

나는 왜 혼자 여기 있나. 돌아가면 뭐가 달라질까. 제주도는 답을 주지 않았다. 다만 질문을 명확하게 만들어주었다. '나는 뭘 원하나?'

서울로 돌아오는 비행기 안에서 나는 사표를 쓰지 않기로 했다.

도망이 답은 아니라는 걸, 제주의 바다가 알려주었다.

→ 장소는 배경, 내면의 변화가 중심

변환 방법

1단계: 장소 에세이 선별

• 여행, 출장, 이사, 특정 장소 경험 등 장소가 중요한 에세이 모으기

2단계: 외적 여행 구체화

• 각 장소에서 본 것, 한 것 정리

• 감각적 디테일 추가 (소리, 냄새, 온도, 질감)

3단계: 내적 여정 발굴

• 그 장소에 갔을 때의 내면 상태는?

• 무엇을 고민했고 무엇이 변했나?

• 외적 여행보다 내적 여정에 더 많은 분량 할애

4단계: 장소와 내면의 은유적 연결

• 바다 = 광활함 = 자유

• 산 = 고립 = 성찰

• 도시 = 복잡함 = 선택

AI 활용

기본 프롬프트:

나: "제주 여행 에세이를 더 깊이 있게 만들고 싶어. 지금은 너무 관광 느낌이야."

AI: "관광지 묘사를 줄이고, 그 순간의 내면을 확장해라. '성산일출봉을 봤다' 대신 '성산일출봉에 올라 한 시간 동안 앉아 있었다. 무슨 생각을 했나? 왜 한 시간씩이나?'를 풀어내라. 그러면 단순 여행기가 아니라 내면 여정이 된다."

심화 프롬프트:

나: "감각적 디테일은 어떻게 추가해?"

AI: "오감을 동원해라. 시각(일출봉의 검은 돌), 청각(바람 소리, 파도 소리), 후각(바다 냄새, 구이 냄새), 촉각(계단의 거친 질감), 미각(짠 공기, 고기 맛). 감각이 구체적일수록 독자가 그 장소에 있는 느낌을 받는다."

변주 3. 직업 에세이

개념

일과 커리어 관련 에세이들을 성장 서사로 재구성한다. 실패와 배움, 선택과 성장의 아크를 만든다.

핵심 원리: 직장 경험담 → 성장 서사

Before/After 예시

Before: "첫 직장 해고" (단순 사건)

입사 6개월 만에 해고당했다. 내 실력이 부족했다.

충격이었지만 다음 직장을 구했다.

→ 사건 나열, 감정 위주

After: "실패가 가르쳐준 것들" (성장 서사)

입사 6개월 만에 해고 통보를 받았다. 인사팀장은 '회사와 맞지 않는 것 같다'고 했다. 완곡한 표현이었다. 실력이 부족하다는 뜻이었다.

그날 밤 나는 6개월을 돌아봤다. 무엇을 잘못했나.

회의에서 침묵했다. 선배들 눈치를 봤다. 모르는 걸 물어보지 않았다. 실수를 숨겼다. 도움을 요청하지 않았다.

다음 직장을 구하기까지 3개월이 걸렸다. 그 3개월 동안 나는 생각했다. '회사와 맞지 않는다'는 게 뭘까. 내가 어떤 사람이 되어야 어떤 회사와도 맞을까.

두 번째 직장 면접에서 면접관이 물었다. '왜 첫 직장을 나왔나?'

나는 솔직하게 답했다. '해고당했습니다. 실력이 부족했고, 배우는 방법도 몰랐습니다. 하지만 이제는 압니다. 모르는 걸 인정하고, 도움을 요청하고, 실수를 공유하는 게 성장의 방법이라는 걸.'

나는 붙었다. 첫 직장 해고는 실패가 아니었다. 배움이었다.

→ 실패 → 성찰 → 배움 → 성장의 아크

변환 방법

1단계: 직업 에세이 선별

• 첫 직장, 이직, 프로젝트 성공/실패, 동료 관계, 퇴사 등

2단계: 시간순 배열

- 커리어 타임라인에 따라 배열
- 초기 → 중기 → 현재

3단계: 각 단계의 배움 추출

- 각 에피소드에서 무엇을 배웠는가?
- 교훈을 중심으로 재구성

4단계: 성장 아크 만들기

- 전체를 하나의 성장 서사로 엮기
- 초반의 실수 → 중반의 배움 → 후반의 성공

AI 활용

기본 프롬프트:

나: "직장 관련 에세이 4편이 있어. 이걸 하나의 커리어 성장기로 엮고 싶어."

AI: "각 에피소드가 하나의 장이 된다.

1장: 첫 직장 해고(실패와 좌절)

2장: 두 번째 직장(배움과 적응)

3장: 첫 프로젝트 성공(자신감)

4장: 리더 역할(성장)

각 장 끝에 배움을 넣되, 교훈을 직접 말하지 말고 에피소드로 보여줘라. '나는 배

웠다' 대신 '다음 회의에서 나는 질문했다' 같은 식으로."

심화 프롬프트:

나: "에피소드 사이 연결이 어색해."

AI: "각 장 사이에 짧은 전환부를 넣어라. '그로부터 2년 후' '그 경험은 다음 직장에서 빛을 발했다' 같은 문장으로 시간을 건너뛰면서도 연속성을 만들어라."

변주 4. 육아 에세이

개념

자녀 중심 에세이를 부모 성장기로 전환한다. 아이를 키우며 당신이 어떻게 변했는가가 초점이다.

핵심 원리: 육아기 → 부모 성장기

Before/After 예시

Before: "아이의 첫걸음" (자녀 중심)

딸이 첫걸음을 뗐다. 열 번을 넘어지고 열한 번째에 성공했다.

기뻤다. 남편과 함께 박수를 쳤다.

→ 아이의 성장, 관찰자 시점

After: "아이와 함께 걷는 법 배우기" (부모 성장)

딸이 첫걸음을 뗐다. 열 번을 넘어졌다. 나는 다섯 번째쯤에 손을 뻗으려 했다. 남편이 내 손을 잡았다. '기다려' 그가 말했다.

열한 번째, 딸은 세 걸음을 걸었다. 넘어지지 않았다. 우리는 박수를 쳤다.

딸은 웃었다. 나는 울었다. 왜 우는지 스스로도 몰랐다.

그날 밤 남편에게 물었다. '왜 내 손을 잡았어?'

그가 답했다. '당신이 도와주면 아이는 혼자 걷는 법을 못 배워.'

나는 깨달았다. 나는 아이를 돕는 게 아니라, 내 불안을 해소하려 했던 거다.

아이의 첫걸음은 내게도 첫걸음이었다. 기다리는 법을 배운 것. 넘어지는

걸 지켜보는 법을 배운 것. 도와주지 않는 게 진짜 도움이라는 걸 배운 것.

아이는 계속 넘어질 것이다. 나는 계속 손을 뻗으려 할 것이다.

하지만 이제 나는 안다. 때로 가장 좋은 사랑은 한 발짝 뒤에서 지켜보는

것이라는 걸.

→ 아이의 성장이 부모의 성장으로 이어짐

변환 방법

1단계: 육아 에세이 선별

• 임신, 출산, 첫 단어, 유치원, 학교 등 자녀 관련 에세이

2단계: 시점 전환

• 관찰자(아이 중심) → 주인공(부모인 나)

• "아이가 이렇게 했다" → "아이가 하는 걸 보며 나는 이렇게 느꼈다/배
  웠다"

3단계: 부모의 내면 확장

• 당신이 느낀 불안, 기쁨, 좌절, 깨달음 상세히 서술

• 아이의 행동보다 당신의 반응에 더 많은 분량 할애

4단계: 성장 연결

• 아이가 걷는 법을 배울 때 → 당신은 기다리는 법을

• 아이가 말하는 법을 배울 때 → 당신은 듣는 법을

AI 활용

기본 프롬프트:

> 나: "육아 에세이 5편이 있는데, 전부 아이 이야기야. 이걸 내 성장 이야기로 바꾸고 싶어."
>
> AI: "각 에피소드마다 '아이가 이걸 배울 때, 나는 저걸 배웠다'는 구조를 만들어라. '아이의 첫 단어' → '듣는 법 배우기', '아이의 떼쓰기' → '인내 배우기', '아이의 유치원 등원' → '놓아주는 법 배우기', 아이의 발달 단계를 당신의 성장 은유로 사용하는 거다."

심화 프롬프트:

> 나: "너무 교훈적으로 들리지 않을까?"
>
> AI: "직접 말하지 말고 장면으로 보여줘야 한다. '나는 배웠다'를 빼고, '그다음 날 나는 다르게 행동했다'를 보여줘라. 깨달음은 독자가 추론하게 하는 거다."

변주 5. 하이브리드: 하나의 렌즈로 재해석

개념

전체 12편을 하나의 주제나 렌즈로 재해석한다. 각 에세이는 독립적이지만 전체를 관통하는 하나의 메시지가 있다.

핵심 원리: 독립적 12편 → 통일된 주제 서사

Before/After 예시

Before: 독립적 12편

1. 아버지의 죽음 (가족)

2. 첫 직장 해고 (일)

3. 이별 (사랑)

4. 제주 여행 (여행)

...12편

→ **각각 다른 주제, 연결성 약함**

After: "상실과 회복"으로 재해석

서문: "이 책의 12편은 모두 잃어버린 것들에 대한 이야기다. 사람, 일, 사랑, 장소. 하지만 동시에 다시 찾은 것들에 대한 이야기이기도 하다."

1. 아버지의 빈 의자 (상실: 아버지 / 회복: 기억)

2. 해고 통보서 (상실: 직장 / 회복: 자존감)

3. 마지막 문자 (상실: 연인 / 회복: 독립)

4. 제주의 바다 (상실: 확신 / 회복: 질문)

...12편

에필로그: "잃어버린 것은 돌아오지 않는다. 하지만 그 자리에 다른 것이 자란다."

→ **하나의 주제로 통일, 강한 연결성**

변환 방법

1단계: 공통 주제 발견

• 12편을 읽으며 반복되는 패턴이나 주제 찾기

• 상실, 성장, 선택, 관계, 변화 등

2단계: 렌즈 설정

• 그 주제를 하나의 렌즈(관점)로 설정

• "이 12편은 모두 ___에 대한 이야기다"

3단계: 각 편 재해석

• 각 에세이를 그 렌즈로 다시 읽기

• 제목 변경, 도입부나 마무리를 렌즈에 맞춰 수정

4단계: 서문과 에필로그 추가

• 서문에서 렌즈 소개

• 에필로그에서 렌즈를 통해 본 전체 의미 정리

AI 활용

기본 프롬프트:

나: "12편을 하나의 주제로 묶고 싶은데, 어떤 주제가 적절할까? 12편 제목과 핵심

내용을 알려줄게."

AI: "12편을 보니 '상실과 회복'이 공통 패턴이다. 아버지를 잃고 기억으로 회복, 직

장을 잃고 자존감으로 회복, 사랑을 잃고 독립으로 회복. 모든 에세이가 '잃음 →

방황 → 찾음'의 구조를 가지고 있다. 이걸 전면에 내세우면 12편이 하나의 이야

기처럼 읽힌다."

심화 프롬프트:

나: "제목도 바꿔야 할까?"

AI: "바꾸는 게 좋다. '아버지의 마지막 말' → '상실 1: 빈 의자', '첫 직장 해고' → '상

실 2: 명함', 이렇게 바꾸면 연속성이 생긴다. 또는 '___을 잃고 ___을 찾다' 형식

으로 통일할 수도 있다."

스페셜 기획 내용을 효과적으로 사용하는 법

1. 하나씩 시도: 5가지를 동시에 하지 말고, 가장 끌리는 변주 하나를 선택해 완성하라.
2. AI와 함께: 각 변주의 'AI 활용' 섹션을 참고해 프롬프트를 변형해 사용하라.
3. 예시는 영감: Before/After 예시를 그대로 베끼지 말고, 당신의 이야기에 맞게 변형
   하라.
4. 독자 시점으로 검토: 변주 후 처음 읽는 사람처럼 읽어보고, 연결이 자연스러운지 확
   인하라.

도구 2

실전 프롬프트 라이브러리

30일 동안 AI와 대화하며 글을 쓰다 보면, 어떤 질문이 효과적인지 알게 된다.
이 부록은 그 질문들을 정리한 라이브러리다.
기획·집필·퇴고 단계별로 30개의 실전 프롬프트를 제시한다.
[ ] 표시는 당신의 상황에 맞게 바꿀 수 있는 부분이다.

영역 1. 기획 단계 (프롬프트 1-10)

브레인스토밍

나: "인생 이야기 50개를 떠올리고 싶어."

AI: "이런 범주로 생각해보세요. 처음들(첫 키스, 첫 월급, 첫 실패), 마지막들(마지막 통화, 마지막 포옹), 최고의 순간들(가장 행복했던 날), 최악의 순간들(가장 후회스러운 선택), 터닝포인트들(인생이 바뀐 순간). 각 범주에서 10개씩 떠올려보세요."

목적: 막막할 때 구조화된 접근으로 아이디어 확장

사용 시점: Part 1 시작 단계, 소재가 떠오르지 않을 때

변형 팁: 범주를 바꿔 사용 가능 (장소들, 사람들, 선택들, 상실들, 발견들)

주의 사항: 50개 모두 쓸 필요 없음. 떠오르는 것만 메모하고 나중에 선택

메타 프롬프트

나: "좋은 에세이 주제를 찾으려면 AI에게 뭘 물어봐야 해?"

AI: "이렇게 물어보세요.

  1) '이 경험에서 가장 감정적인 순간은 언제였나?'

  2) '이 이야기를 왜 쓰고 싶은가?'

  3) '이 이야기가 다른 사람에게 어떤 의미가 될까?'

  4) '이 이야기에서 내가 배운 것은 무엇인가?'

  이 질문들에 답하다 보면 주제가 명확해집니다."

목적: AI 활용법 자체를 AI에게 배우기

사용 시점: AI와의 대화가 막막하거나 방향을 잃었을 때

변형 팁: "___하려면 AI에게 뭘 물어봐야 해?" 형식으로 응용

주의 사항: 메타 질문은 강력하지만, 너무 자주 쓰면 실행이 늦어짐

주제 심화

나: "[아버지와의 마지막 대화]를 주제로 쓰고 싶은데, 어떻게 접근하면 좋을까?"

AI: "몇 가지 질문을 드릴게요.

  1) 대화의 어떤 부분이 가장 기억에 남나요?

  2) 말하지 못한 것은 무엇인가요?

  3) 그 대화 이후 당신은 어떻게 변했나요?

  4) 지금 다시 그 순간으로 돌아간다면 무슨 말을 하고 싶나요?

  이 질문들에 답하면서 에세이의 층위가 깊어집니다."

목적: 표면적 주제를 깊이 있는 이야기로 확장

사용 시점: 주제는 정했지만 막연할 때

변형 팁: [ ] 안에 자신의 주제를 넣어 사용

주의 사항: 모든 질문에 답할 필요 없음. 가장 공감가는 질문 하나만 택해도 충분함.

충돌 지점 찾기

나: "평범한 일상 이야기를 흥미롭게 만들 수 있을까?"

AI: "일상에서 충돌 지점을 찾으세요. 기대와 현실의 충돌, 과거와 현재의 충돌, 나와 타인의 충돌. 예를 들어 '출근길'이라는 평범한 소재도 '오늘따라 아버지 생각이 났다'는 충돌이 들어가면 이야기가 됩니다. 어떤 일상 소재를 생각하고 계신가요?"

목적: 평범한 소재에 서사적 긴장 부여

사용 시점: 소재는 있는데 지루하게 느껴질 때

변형 팁: 충돌의 종류를 다양하게 시도 (세대 충돌, 가치관 충돌 등)

주의 사항: 충돌을 억지로 만들지 말 것. 자연스러운 긴장만으로도 충분

12편 구성 검증

나: "12편 구성이 이렇게 됐어. [1.아버지 첫 기억, 2.아버지 마지막 대화... 12.현재의 나] 균형이 맞을까?"

AI: "전체를 보니 1-4편이 모두 아버지 이야기네요. 무겁게 시작됩니다. 2편이나 3편은 다른 주제(여행이나 일)로 바꿔서 호흡을 조절하면 어떨까요? 또 8편 위치에 가장 강렬한 이야기를 배치하면 전체 흐름이 클라이맥스를 가집니다. 지금은 12편이 가장 강렬한데, 마지막은 오히려 잔잔하게 끝내는 게 여운을 남깁니다."

목적: 전체 구성의 균형과 흐름 점검

사용 시점: 12편 초안 구성 완료 후

변형 팁: [ ] 안에 자신의 구성을 넣어 피드백 요청

주의 사항: AI 제안을 무조건 따를 필요 없음. 참고만

독자 타깃 설정

나: "내 글을 누가 읽을지 모르겠어."

AI: "이렇게 생각해보세요. 당신의 이야기를 들려주고 싶은 사람은 누구인가요?

1) 같은 경험을 한 사람(공감)

2) 비슷한 고민을 가진 사람(위로)

3) 전혀 다른 삶을 사는 사람(호기심)

독자가 달라지면 쓰는 방식도 달라집니다. 공감을 원하면 디테일을, 위로를 주려

면 성찰을, 호기심을 유발하려면 독특한 시각을 강조하세요."

목적: 독자 설정으로 글쓰기 방향 명확화

사용 시점: 톤과 방향이 흔들릴 때

변형 팁: 여러 독자 유형 중 하나를 선택

주의 사항: 독자를 너무 좁게 설정하면 오히려 쓰기 어려움

제목 후보 생성

나: "[아버지의 빈 의자]라는 제목을 생각했는데, 다른 옵션도 보고 싶어."

AI: "같은 소재로 5개 만들어볼게요.

1) 아버지의 빈 의자(현재)

2) 의자에 남은 것들(은유)

3) 아버지가 앉던 자리(기억)

4) 빈 의자에서 시작된(시작)

5) 아버지의 의자, 나의 시간(대비)

어떤 느낌이 원하는 톤에 가까운가요?"

목적: 다양한 제목 옵션 탐색

사용 시점: 제목을 정할 때, 또는 기존 제목이 마음에 안 들 때

변형 팁: [ ] 안에 핵심 단어나 초안 제목을 넣어 사용

주의 사항: 너무 많은 옵션은 오히려 선택을 어렵게 함. 5개 정도가 적당

연결고리 발견

나: "12편이 각각 따로 노는 것 같아. 어떻게 연결할 수 있을까?"

AI: "12편의 제목이나 핵심 주제를 나열해보세요. 그 안에서 반복되는 단어, 감정, 상황을 찾으세요. 예를 들어 '상실'이 반복된다면, 각 편의 도입부나 마무리에 그 단어를 변주해서 넣으세요. '아버지를 잃고', '직장을 잃고', '확신을 잃고'. 언어적 반복이 구조적 통일을 만듭니다."

목적: 개별 에세이를 하나의 책으로 통합

사용 시점: 전체 구성 후 연결성 부족할 때

변형 팁: 언어적 반복 외에 구조적 반복 (모두 같은 시작 방식) 등 시도

주의 사항: 너무 억지로 연결하면 부자연스러움

분량 예측

나: "한 편당 분량을 얼마로 잡아야 할까?"

AI: "목표에 따라 다릅니다.

1) 빠른 완성: 1500-2000자

2) 균형잡힌 깊이: 2000-2500자

3) 깊이 있는 탐구: 2500-3000자

전체 12편이라면 2000자 기준으로 총 2만4천 자, A4 20장 정도입니다. 처음이

라면 짧게 시작해서 나중에 확장하는 게 좋습니다."

목적: 현실적인 분량 목표 설정

사용 시점: 계획 단계, 부담 조절이 필요할 때

변형 팁: 자신의 페이스에 맞게 분량 조정

주의 사항: 분량에 집착하면 내용이 희생됨. 어디까지나 가이드일 뿐

역기획

나: "좋아하는 에세이집 [___]이 있어. 이런 느낌으로 쓰고 싶은데 어떻게 분석하면

될까?"

AI: "그 책을 이렇게 분석해보세요.

1) 각 에세이의 평균 분량

2) 시작 방식(장면/성찰/질문)

3) 문장 길이(짧은지 긴지)

4) 톤(따뜻한지 냉정한지)

5) 구조(시간순/주제순)

분석 후 그 요소들 중 2-3개만 가져와서 당신 방식으로 변주하세요. 전부 따라하

면 모방이 되지만, 일부만 참고하면 영감이 됩니다."

목적: 롤모델 책을 참고하되 모방 피하기

사용 시점: 방향을 잡기 어려울 때, 벤치마킹 필요할 때

변형 팁: [ ] 안에 좋아하는 책 제목을 넣어 사용

주의 사항: 분석에 너무 오래 시간 쓰지 말 것. 하루면 충분

영역 2. 집필 단계 (프롬프트 11-20)

첫 문장 돌파

나: "첫 문장을 못 쓰겠어."

AI: "첫 문장은 나중에 쓰세요. 일단 이야기의 한가운데로 바로 들어가세요. '그날 아침'처럼 설명으로 시작하지 말고, '전화벨이 울렸을 때'처럼 행동이나 장면으로 시작하세요. 독자는 설명보다 장면에 더 빨리 빠져듭니다."

목적: 첫 문장 압박에서 벗어나기

사용 시점: 첫 문장 앞에서 30분 이상 막혔을 때

변형 팁: 중간부터, 끝부터, 어디서든 시작 가능

주의 사항: 첫 문장은 정말로 마지막에 쓰는 게 맞음

막힘 돌파

나: "다음을 어떻게 이어가야 할지 모르겠어."

AI: "지금까지 쓴 부분을 보여주세요. 그럼

1) 다음에 올 자연스러운 전개

2) 의외의 전환

3) 과거 회상으로 깊이 더하기

이 세 가지 방향을 제시해드릴게요. 당신이 선택하면 됩니다."

목적: 막힌 지점에서 다음 단계 찾기

사용 시점: 중간에 막혔을 때

변형 팁: AI에게 여러 방향 제시 요청

주의 사항: AI가 준 방향 그대로 쓰지 말고, 영감만 받아서 당신 문장으로

디테일 확장

나: "[아버지의 손이 차갑다]는 장면을 더 구체적으로 쓰고 싶어."

AI: "오감을 동원하세요. 시각(손의 색, 주름), 촉각(온도, 질감), 청각(주변 소리, 침묵), 후각(병실 냄새), 그리고 그때의 당신 몸 반응(심장 박동, 호흡). 예: '아버지 손은 차가웠다. 언제나 따뜻했던 그 손이. 손등의 핏줄이 푸르게 보였다. 나는 두 손으로 감쌌지만 온기는 전해지지 않았다.' 이렇게 감각을 층층이 쌓으세요."

목적: 추상적 표현을 구체적 장면으로 확장

사용 시점: 중요한 장면인데 너무 짧게 쓴 것 같을 때

변형 팁: [ ] 안에 확장하고 싶은 장면 넣기

주의 사항: 모든 장면을 디테일하게 쓸 필요 없음. 핵심 장면 1-2개만

대화 살리기

나: "대화 장면이 어색해."

AI: "실제 대화처럼 쓰세요. 완전한 문장이 아니어도 됩니다. 말 더듬기, 말 끊기, 침묵도 대화의 일부입니다. 예: '아버지가 말했다. 나는…' 이렇게 쓰지 말고, '나는,' 아버지가 말을 멈췄다. '미안하다.' 이렇게 끊어서 쓰면 더 자연스럽습니다.

대화 태그('말했다')를 최소화하고, 행동으로 대체하세요."

목적: 대화를 자연스럽고 생동감 있게 만들기

사용 시점: 대화가 설명처럼 느껴질 때

변형 팁: 실제로 대화를 소리 내어 읽어보며 체크

주의 사항: 방언이나 말버릇은 과도하게 쓰지 말 것

감정 절제

나: "'슬펐다' '화났다' 같은 직접적 표현을 피하고 싶어."

AI: "감정을 말하지 말고 보여주세요. '슬펐다' 대신 '한참을 창밖을 봤다', '화났다' 대신 '문을 세게 닫았다' 몸의 반응, 행동, 주변 환경 묘사로 감정을 전달하세요. 독자가 추론하게 만드는 게 더 강력합니다."

목적: 감정 표현을 간접적이고 효과적으로

사용 시점: 감정 표현이 유치하게 느껴질 때

변형 팁: 다양한 감정 (기쁨, 불안, 질투 등)에 적용

주의 사항: 너무 절제하면 독자가 못 알아챔. 균형 필요

시간 압축

나: "10년의 이야기를 한 단락에 담고 싶어."

AI: "시간을 뛰어넘는 문장을 쓰세요. '그렇게 10년이 흘렀다'는 평범합니다. 대신 '첫 직장 명함이 서랍에 쌓이고, 결혼반지에 흠집이 생기고, 아이가 내 키만큼 자랐다' 이렇게 구체적 변화들을 나열하면 시간의 흐름이 느껴집니다. 추상적 시간이 아니라 구체적 변화로 압축하세요."

목적: 긴 시간을 효과적으로 압축

사용 시점: 시간 경과를 간결하게 표현하고 싶을 때

변형 팁: 자신만의 시간 표지 (계절, 나이, 물건) 사용

주의 사항: 너무 많이 압축하면 독자가 놓침

전환 부드럽게

나: "장면 전환이 갑작스러워."

AI: "전환 문장을 추가하세요. '그로부터 3년 후', '그 일이 있고 나서', '돌이켜보면'. 또는 이미지를 반복해서 전환하세요. 예: 1장 끝 '창밖에 비가 내렸다' → 2장 시작 '비는 밤새 내렸다'. 같은 이미지가 다리 역할을 합니다."

목적: 장면이나 시간 전환을 자연스럽게

사용 시점: 전환이 뚝뚝 끊어지는 느낌일 때

변형 팁: 언어적 반복, 이미지 연결, 시간 표현 등 다양하게

주의 사항: 모든 전환에 문장 추가하면 느려짐

마무리 열린 결말

나: "마무리를 어떻게 해야 할지 모르겠어."

AI: "결론을 내리지 마세요. 열린 결말로 여운을 남기세요. '그래서 나는 깨달았다' 같은 교훈 대신, 마지막 이미지나 행동으로 끝내세요. '나는 아버지의 의자에 앉았다' 이런 식으로요. 독자가 의미를 스스로 해석하게 하는 게 더 강력합니다."

목적: 교훈적이지 않은 마무리

사용 시점: 마무리가 너무 설명적일 때

변형 팁: 이미지, 행동, 질문으로 끝내기

주의 사항: 너무 애매하면 독자가 혼란스러움

관점 전환

나: "1인칭으로 쓰다가 막혔어."

AI: "시점을 바꿔보세요. 3인칭으로 '그는 울었다'라고 쓰면 거리가 생겨 편해집니다.

초고를 3인칭으로 쓰고, 나중에 1인칭으로 바꿔도 됩니다. 또는 2인칭 '당신은 그

날을…'으로 쓰면 독자와의 거리가 가까워집니다. 시점을 실험해보세요."

목적: 막힘을 시점 전환으로 돌파

사용 시점: 한 시점으로 쓰기 어려울 때

변형 팁: 1인칭 ↔ 2인칭 ↔ 3인칭 자유롭게

주의 사항: 최종본에서는 시점 통일 필요

분량 조절

나: "3000자를 썼는데 너무 긴 것 같아."

AI: "압축 전략 3가지를 시도하세요.

1) 반복 제거: 같은 의미를 다르게 표현한 문장 찾아 하나만 남기기

2) 부사 삭제: '매우', '정말', '너무' 같은 부사 지우기

3) 이중 설명 제거: 행동으로 보여줬으면 감정 설명 빼기

목표는 불필요한 살을 빼되 근육은 남기는 것입니다."

목적: 분량을 효과적으로 조절

사용 시점: 초안이 너무 길거나 짧을 때

변형 팁: 필요하면 반대로 확장 전략도 요청

주의 사항: 핵심 장면까지 자르지 말 것

영역 3. 퇴고 단계 (프롬프트 21-30)

전체 구조 점검

나: "전체 구조를 점검해줘. [에세이 전문을 붙여넣기]"

AI: "구조 분석 결과입니다.

- 3막 구조: 1막(1-3단락), 2막(4-7단락), 3막(8-9단락)

- 전환점: 5단락에서 발견 (적절한 위치)

- 클라이맥스: 7단락 (충분히 강렬함)

- 개선점: 2막이 다소 길어요. 6단락을 압축하면 전체 호흡이 좋아질 것 같습니다."

목적: 전체 구조의 균형 확인

사용 시점: 초고 완성 후 첫 퇴고 때

변형 팁: 특정 부분만 집중 점검 요청 가능

주의 사항: AI 분석은 참고용. 최종 판단은 당신이

중복 표현 찾기

나: "중복되는 단어나 표현을 찾아줘. [에세이 전문 또는 일부 붙여넣기]"

AI: "중복 표현 발견:

- '아버지' 12회 → 일부를 '그', '아버지는', '그분'으로 변형

- '생각했다' 8회 → '떠올렸다', '느꼈다', '깨달았다'로 변주

- '그날' 6회 → 시간 표현 다양화 필요

각 표현의 위치를 알려드릴까요?"

목적: 과도한 반복 제거

사용 시점: 초고 읽으며 같은 표현이 계속 눈에 띌 때

변형 팁: 특정 단어만 집중 검토 요청

주의 사항: 의도적 반복 (리듬)까지 제거하지 말 것

문장 길이 분석

나: "문장 길이가 균형 있는지 확인해줘."

AI: "문장 길이 분석:

- 평균: 42자

- 최장: 78자 (5번 문장)

- 최단: 12자 (9번 문장)

- 제안: 긴 문장 2-3개를 쪼개면 호흡이 좋아질 것 같습니다.

특히 5번 문장은 두 개로 나누는 게 좋겠어요."

목적: 문장 리듬과 호흡 조절

사용 시점: 읽다가 숨이 차거나 단조롭게 느껴질 때

변형 팁: 특정 단락만 집중 분석

주의 사항: 모든 문장을 비슷한 길이로 맞출 필요 없음

쇼와 텔 비율

나: "이 에세이에서 쇼와 텔 비율을 분석해줘."

AI: "분석 결과: • 쇼(장면): 40%, • 텔(설명): 60%, • 평가: 텔이 다소 많습니다. 핵심

장면 2-3개를 더 확장하면 균형이 맞을 것 같습니다. • 제안: 3단락과 7단락을 장면으로 전환하면 효과적일 것 같아요."

목적: 서술 방식의 균형 점검

사용 시점: 밋밋하거나 너무 느리게 느껴질 때

변형 팁: 이상적 비율 (쇼 6 : 텔 4) 제시하며 조정 요청

주의 사항: 장르와 스타일에 따라 비율은 달라질 수 있음

감정 표현 점검

나: "감정을 직접 표현한 문장을 찾아줘."

AI: "직접 표현 발견:

- '나는 슬펐다' (2단락) → '목구멍에 뭔가 걸린 것 같았다'

- '화가 났다' (5단락) → '주먹을 쥐었다'

- '기뻤다' (8단락) → '계단을 두 칸씩 올라갔다'

이렇게 행동으로 바꾸면 더 강렬합니다."

목적: 빙산 이론 적용, 감정의 간접 표현

사용 시점: 감정이 직접적으로 느껴질 때

변형 팁: 특정 감정만 집중 점검

주의 사항: 가끔은 직접 표현도 필요함 (강조나 리듬)

대화 태그 최소화

나: "대화 태그를 줄여줘."

AI: "개선 제안: 현재: '괜찮아.' 그가 말했다. 개선: '괜찮아.' 그가 창밖을 봤다.

현재: '정말?' 그녀가 물었다. 개선: '정말?' 그녀가 고개를 들었다.

'말했다', '물었다' 대신 동작으로 대체하면 대화가 자연스럽고 상황이 동시에 전

달됩니다."

목적: 대화 장면의 자연스러움 향상

사용 시점: 대화가 설명처럼 느껴질 때

변형 팁: 전체 에세이 또는 특정 대화 장면만

주의 사항: 누가 말하는지 혼란스러우면 태그 유지

페이싱 조절

나: "3-5단락이 너무 느린 것 같아. 속도를 높여줘."

AI: "속도 향상 전략:

- 긴 문장 → 짧은 문장으로

- 묘사 → 요약으로

- 문단 통합

현재 3단락(5문장)을 2문장으로 압축하면 호흡이 빨라집니다. 시도해볼까요?"

목적: 이야기의 속도와 리듬 조절

사용 시점: 특정 부분이 지루하거나 너무 빠를 때

변형 팁: 반대로 느리게 만들기도 요청 가능

주의 사항: 클라이맥스는 느리게, 이동은 빠르게

순환 구조 완성

나: "첫 문장과 마지막 문장을 순환 구조로 연결하고 싶어. 첫 문장: [버스 정류장에서

아버지를 기다렸다]"

AI: "순환 구조 제안:

마지막 문장 옵션 1: '버스 정류장에서, 이번엔 내가 누군가를 기다린다.'

마지막 문장 옵션 2: '버스 정류장은 그대로인데, 기다리는 사람이 없다.'

마지막 문장 옵션 3: '오늘도 버스 정류장에 선다. 더 이상 기다리지 않지만.'

어떤 뉘앙스가 원하는 감정에 가까운가요?"

목적: 구조적 완결성과 여운

사용 시점: 마무리 단계, 구조 강화 원할 때

변형 팁: 이미지나 사물로도 순환 가능

주의 사항: 너무 노골적이면 작위적으로 느껴짐

체호프의 총 점검

나: "초반에 언급했는데 회수 안 된 요소가 있나?"

AI: "미회수 요소 발견:

- 2단락의 '녹슨 열쇠' → 마지막에 의미 부여 필요

- 4단락의 '엄마의 편지' → 언급만 하고 내용 안 나옴

- 6단락의 '빨간 머그컵' → 이후 재등장 없음

이 중 어떤 걸 회수하고 싶으신가요?"

목적: 복선과 디테일의 완결성

사용 시점: 최종 퇴고 단계

변형 팁: 의도적으로 복선 심을 위치 요청

주의 사항: 모든 디테일을 회수할 필요는 없음

비식별화 검토

나: "개인정보나 식별 가능한 부분을 찾아줘."

AI: "식별 위험 발견:

- '삼성동 본사' → '강남의 한 회사'

- '김철수 부장' → '상사' 또는 'K 부장'

- '서울대학교 86학번' → '서울의 한 대학'

- '2018년 3월 15일' → '어느 봄날'

이렇게 수정하면 본질은 유지하면서 프라이버시를 보호할 수 있습니다."

목적: 윤리적·법적 문제 예방

사용 시점: 출판 전 최종 검토

변형 팁: 특정 인물이나 장소만 집중 검토

주의 사항: 과도한 비식별화는 오히려 진정성 해침

스페셜 기획 활용 가이드

스페셜 기획을 효과적으로 사용하는 법:

1. 단계별 사용: 기획 → 집필 → 퇴고 순서로 필요한 프롬프트 활용
2. 복사-변형: [ ] 안에 당신의 내용을 넣어 그대로 사용 가능
3. 조합 활용: 여러 프롬프트를 연속으로 사용해 다층적 피드백 받기
4. 당신의 문장: AI 답변은 영감일 뿐. 반드시 당신의 말투로 재작성

** 주의사항

- AI가 제안한 문장을 그대로 쓰지 말 것
- 프롬프트에 의존하지 말고 당신의 판단 우선
- 막힐 때 돌파구로 사용, 처음부터 의지하지 말 것

에세이 작가를 위한 문학 도구 상자

좋은 에세이와 평범한 에세이의 차이는 무엇일까?
경험의 특별함이 아니다. 그 경험을 어떻게 전달하느냐의 차이다.
2400년 문학사가 축적한 기법들은 바로 그 '어떻게'의 답이다.

스페셜 기획은 두 부분으로 구성된다.

Part A는 '문학 기법 가이드'로 구조·시점·장면·의미를 다루는
30가지 핵심 기법을 소개한다.

Part B는 '문학적 표현 사전'으로 감정과 감각을 직접 말하지 않고
보여주는 구체적 표현들을 담았다.

스페셜 기획 활용 가이드

1. 집필 전 한 번 정독하며 기법의 전체 지형 파악
2. 집필 중 막힐 때 해당 항목을 펼쳐 돌파구 발견
3. AI와 함께 쓸 때 프롬프트의 기준으로 활용

기법을 안다고 좋은 글이 저절로 나오지는 않는다.
하지만 기법을 모르면 같은 자리를 맴돈다.

스페셜 기획이 당신의 글을 한 단계 끌어올리는 사다리가 되기를 바란다.

(PART A)

문학 기법 가이드

기법들을 5가지 영역으로 분류했다

1. **구조와 전개 (10개):** 이야기를 어떻게 시작하고, 전개하고, 마무리할 것인가
2. **시점과 화자 (6개):** 누구의 눈으로 이야기를 들려줄 것인가
3. **장면과 문체 (8개):** 어떤 문장으로, 어떤 속도로 쓸 것인가
4. **의미와 장치 (5개):** 어떻게 깊이와 여운을 만들 것인가
5. **실전 원칙 (1개):** 집필할 때 꼭 기억해야 할 윤리

각 기법은 '개념 → 효과 → 적용법 → 예시' 순서로 설명된다.
이론서가 아니라 실전 도구다.

영역 1. 구조와 전개

3막 구조 (Three-Act Structure)

개념: 아리스토텔레스 이후 2400년간 이어진 가장 기본적인 이야기 구조
다. 시작(설정)–중간(갈등)–끝(해결)으로 나누는 방식이다.

적용법: 1막에서 상황과 문제를 소개하고, 2막에서 그 문제로 인한 경험과
변화를 보여주고, 3막에서 깨달음이나 정리를 한다. 각 막의 비율
은 대략 1:2:1 정도가 적당하다.

효과: 독자가 "지금 이야기가 어디쯤 왔지?" 하고 길을 잃지 않게 한다.

특히 긴 에세이에서는 3막 구조가 없으면 산만해지기 쉽다.

예시: "해고 통보를 받은 그날(1막), 백수로 보낸 석 달 동안의 방황(2막), 새 회사 첫 출근날 느낀 것(3막)"

영웅의 여정 (Hero's Journey)

개념: 조셉 캠벨이 정리한 '변화와 성장의 12단계'다. 복잡한 12단계를 에세이에 맞게 단순화하면: 평범한 일상 → 문제 발생(소명) → 거부와 망설임 → 결심과 도전 → 시련과 실패 → 깨달음 → 귀환과 성장.

적용법: 꼭 12단계를 다 지킬 필요는 없다. 중요한 건 '변화의 과정'을 보여주는 것이다. 자전적 에세이에서 "나는 이렇게 변했다"를 설득력 있게 전달하려면 이 구조가 유용하다.

효과: 독자는 주인공(당신)이 시련을 거쳐 성장하는 과정을 보며 대리만족을 느낀다.

예시: "30대 초반까지 회사원으로만 살았는데(일상), 갑작스런 권고사직(소명), 처음엔 두려웠지만(거부), 프리랜서로 도전했고(시련), 1년 뒤 나는 완전히 다른 사람이 되어 있었다(성장)"

인 미디어스 레스 (In medias res)

개념: 라틴어로 '한가운데로'라는 뜻이다. 이야기를 시간순으로 처음부터 시작하지 않고, 가장 긴박한 순간부터 시작하는 기법이다. 호메로스의 『일리아스』가 대표적이다.

적용법: 도입부에서 독자를 확 끌어당기기 위해 사용한다. "어렸을 때부터

나는…" 같은 평범한 시작보다 "사표를 낼 때 손이 떨렸다"로 시작하면 독자가 즉시 집중한다. 배경 설명은 나중에 해도 된다.

효과: 독자의 즉각적인 관심과 몰입을 유도한다.

예시: "이혼 서류에 도장을 찍는 순간, 이상하게 아무 생각도 들지 않았다. 그 전 10년은 이랬다…"

플래시백과 플래시포워드

개념: 플래시백(Flashback)은 현재에서 과거로 돌아가는 것, 플래시포워드(Flash-forward)는 미래를 미리 보여주는 것이다. 에세이에서는 주로 플래시백을 쓴다.

적용법: 현재 상황을 쓰다가 과거의 기억이 떠오르는 식이다. 플래시백이 너무 길면 독자가 현재 시점을 잊어버린다. 짧게 다녀오는 게 좋다. 돌아올 때는 명확한 신호를 줘야 한다.

효과: 시간의 층위를 만들어 이야기에 깊이를 더한다.

예시: "그 냄새를 맡는 순간, 나는 20년 전 할머니 부엌으로 돌아갔다. (플래시백 3문단) 정신을 차리니 여전히 지하철 안이었다"

페리페테이아 (Peripeteia, 급전)

개념: 그리스 비극 용어로, 이야기가 예상과 정반대로 급전환되는 순간이다. 아리스토텔레스는 『시학』에서 이것을 비극의 핵심 요소로 꼽았다.

적용법: 평탄한 이야기에 극적 긴장을 더한다. 특히 중간 지점(2막 중후반)에 작은 전환점을 넣으면 늘어진 이야기가 다시 팽팽해진다.

효과: 독자는 예상을 깨는 순간에 집중하게 된다.

예시: "드디어 합격 통지가 왔다. 같은 날, 아버지가 쓰러지셨다는 전화를 받았다"

카타르시스 (Catharsis)

개념: 아리스토텔레스가 말한 '정화'다. 독자가 글을 읽고 나서 감정이 정리되고 후련해지는 느낌을 받는 것이다.

적용법: 마지막 장면을 설명이 아닌 '이미지'로 보여주는 것이다. "나는 이제 괜찮다"가 아니라 "창문을 열자 오래된 먼지 냄새가 빠져나갔다" 같은 구체적 장면으로 끝낸다.

효과: 독자는 그 장면을 통해 감정을 정리하고, 글을 덮으면서 어떤 위로나 깨달음을 얻는다.

예시: "엄마의 빈 방을 정리하고 나니, 집이 처음으로 조용해졌다"

프레임 내러티브 (Frame Narrative)

개념: '이야기 속 이야기' 구조다. 현재의 화자가 과거 이야기를 들려주는 형식이다. 『천일야화』의 세헤라자데가 매일 밤 이야기를 들려주는 것이 대표적이다.

적용법: 현재 시점으로 시작 → 과거로 진입 → 과거 이야기 전개 → 다시 현재로 복귀. 이렇게 하면 회상이 자연스럽고, 현재와 과거를 연결하는 의미를 부여할 수 있다.

효과: 프레임이 든든하면 독자는 안심하고 과거 속으로 들어간다.

예시: "오늘 아침, 오래된 사진 한 장을 발견했다. (현재) 그 사진 속엔 1997년 겨울이 있었다. (과거 진입)"'

비선형 구조 (Non-linear Structure)

개념: 시간 순서대로 쓰지 않는 방식이다. 시간을 왔다 갔다 하거나, 주제별로 묶거나, 의식의 흐름대로 쓰는 것이다.

적용법: 시간순이 아니라 감정이나 주제의 강도 순으로 배치한다. 독자에게 새로운 독서 경험을 주지만, 혼란스러울 수 있으니 명확한 표지(제목, 날짜, 장소)를 제공해야 한다.

효과: 실험적이고 현대적인 느낌을 준다.

예시: "1장: 2025년 겨울 → 2장: 2015년 봄 → 3장: 2020년 가을 → 4장: 다시 2025년 겨울"

순환 구조 (Circular Structure)

개념: 이야기가 같은 지점으로 돌아오는 구조다. 처음과 끝이 연결되지만, 의미가 달라진다.

적용법: 첫 문장과 마지막 문장을 유사하게 만들되, 화자나 상황이 변했음을 보여준다. 독자는 "같은 곳으로 돌아왔지만 모든 것이 달라졌구나" 하고 느낀다.

효과: 구조적 완결성과 상징적 의미를 동시에 얻는다.

예시: 첫 장면 "매일 같은 버스를 탔다" → 마지막 장면 "오늘도 같은 버스를 탔다. 하지만 이젠 다른 곳으로 간다"

체호프의 총 (Chekhov's Gun)

개념: 러시아 극작가 체호프가 한 말에서 나온 원칙이다. "1막에서 벽에 걸린 총을 보여줬으면, 3막에서는 반드시 그 총이 발사되어야 한다."

적용법: 초반에 언급한 물건, 대화, 사건은 나중에 반드시 의미 있게 회수하라. 그러면 글의 밀도가 높아지고, 독자는 "아무것도 헛되지 않구나" 하고 느낀다.

효과: 서사의 완결성과 구조적 긴밀함을 만든다.

예시: "1장에서 '엄마가 준 녹슨 열쇠'를 언급했다면, 마지막 장에서 그 열쇠로 무언가를 열어야 한다"

영역 2. 시점과 화자

1인칭 시점

개념: "나"가 직접 이야기하는 방식이다. 자전적 에세이의 기본 시점이다.

적용법: 장점은 진정성과 몰입감이다. 단점은 화자가 모르는 건 쓸 수 없다는 것이다. 주의할 점: "나는 행복했다"처럼 감정을 직접 말하지 말고, "나는 웃으면서 걸었다" 같은 행동으로 보여줘야 한다.

효과: 독자는 화자의 감정에 쉽게 공감한다.

예시: "나는 그날 처음으로 엄마에게 화를 냈다"

3인칭 제한 시점

개념: "그/그녀"로 쓰되, 한 인물의 시각에만 머무는 방식이다. 사실상 1인칭과 비슷하지만, 약간의 거리감이 생긴다.

적용법: 너무 고통스럽거나 부끄러운 경험을 쓸 때, "나"가 아닌 "그"로 쓰면 심리적 거리가 생겨서 쓰기가 수월해진다. 단, 독자가 "그가 곧 나"라는 걸 알 수 있게 신호를 줘야 한다.

효과: 객관성과 거리감을 유지하면서도 내면을 전달한다.

예시: "그는 거울을 보지 않았다. 30일째였다"

3인칭 전지적 시점

개념: 화자가 모든 인물의 마음을 다 아는 방식이다.

적용법: 자전적 에세이에서는 잘 안 쓴다. 실제 경험담에서 다른 사람의 속마음을 단정적으로 쓰는 건 부자연스럽기 때문이다. 혹시 쓰더라도 "아마도", "그는 그렇게 느꼈을 것이다" 같은 추측형으로 써야 한다.

효과: 여러 인물의 관점을 보여줄 수 있지만, 에세이에는 부적합하다.

자유간접화법 (Free Indirect Style)

개념: 3인칭 서술 속에 인물의 생각이 따옴표 없이 스며드는 기법이다. 제인 오스틴이 처음 쓰기 시작했고, 플로베르가 완성했다.

적용법: "그는 버스를 기다렸다. 오늘따라 왜 이렇게 늦나." 따옴표 없이 그의 생각이 지문에 섞인다.

효과: 거리를 유지하면서도 인물 심리에 가까이 갈 수 있다. 1인칭의 몰입감과 3인칭의 객관성을 동시에 얻는다.

예시: "엄마는 설거지를 했다. 설마 또 늦는 건 아니겠지"

신뢰할 수 없는 화자 (Unreliable Narrator)

개념: 화자의 말을 액면 그대로 믿을 수 없는 상황이다. 의도적 거짓말이 아니라, 기억 오류나 편향된 시각, 이해관계 때문에 왜곡이 생기는 것이다.

적용법: 독자에게 "이 화자의 말이 전부일까?" 하는 긴장감을 주고, 재해석의 여지를 만든다. 자전적 에세이는 본질적으로 주관적이다. 이걸 솔직하게 드러내는 것도 정직함이다.

효과: 독자의 능동적 해석을 유도한다.

예시: "그날 술은 딱 한 잔이었다. 아마도"

관찰자 시점

개념: 화자가 주인공이 아니라, 옆에서 지켜보는 사람인 경우다. 피츠제럴드의 『위대한 개츠비』에서 닉이 개츠비를 관찰한다.

적용법: 가족이나 친구에 대한 에세이를 쓸 때 유용하다. "엄마에 대한 글"을 쓸 때, 나는 관찰자가 되고 엄마가 주인공이 되는 식이다.

효과: 과도한 감정 표출 없이도 깊은 애정을 전달할 수 있다. 관찰자 시점은 존중의 거리를 만든다.

예시: "아버지는 매일 같은 시간에 신문을 펼쳤다. 30년째 그랬다"

영역 3. 장면과 문체

쇼 vs 텔 (Show vs Tell)

개념: 쇼(Show)는 장면으로 보여주기, 텔(Tell)은 설명으로 말해주기다.

창작 교실에서 가장 많이 듣는 조언이 "보여주고, 말하지 마라"다.

적용법: 핵심 감정과 중요한 순간은 쇼로, 배경 정보와 시간 압축은 텔로 쓴다. 비율은 대략 6:4 정도가 적당하다.

효과: 쇼와 텔을 적절히 섞으면 글에 리듬이 생긴다.

비교: • 쇼: "그는 주먹으로 벽을 쳤다"

  • 텔: "그는 화가 났다"

빙산 이론 (Iceberg Theory)

개념: 헤밍웨이가 주장한 절제의 미학이다. 수면 위에 드러난 건 1/8, 수면 아래 숨은 건 7/8이다.

적용법: 감정을 직접 말하지 말고, 행동·사물·대화로 암시한다. "나는 슬펐다" 대신 "나는 그날 아무도 만나지 않았다"로 쓴다.

효과: 독자가 스스로 감정을 느끼게 하면 더 강렬하다. 말해주는 것보다 깨닫게 하는 게 힘이 세다.

예시: "아버지는 말 없이 신문을 접었다" (화났다는 말 없이도 분위기 전달)

장면과 요약 (Scene and Summary)

개념: 장면은 '살아 있는 현장', 요약은 '압축된 정보'다. 장면은 대화와 묘사와 행동이 있는 느린 시간이고, 요약은 빠르게 넘어가는 시간이다.

적용법: 결정적 순간은 장면으로 느리게 쓰고, 중요하지 않은 이동이나 배경은 요약으로 빠르게 넘어간다.

효과: 장면과 요약을 번갈아 쓰면서 리듬을 만든다.

비교: • 장면: "그녀가 먼저 고개를 들었다. '미안해.' 목소리가 떨렸다"

• 요약: "우리는 그날 이후 석 달간 말하지 않았다"

페이싱 (Pacing)

개념: 이야기의 속도와 호흡 조절이다. 같은 속도로만 가면 독자가 지루해한다.

적용법: 긴장과 이완을 번갈아 배치한다. 클라이맥스는 느리게, 이동 장면은 빠르게. 단락 길이를 변주하면 리듬이 생긴다.

효과: 짧은 단락은 속도감을, 긴 단락은 무게감을 준다. 독자의 호흡을 조절하는 것이다.

비교: • 빠른 페이싱: 짧은 문장, 짧은 단락, 요약 위주

• 느린 페이싱: 긴 문장, 세밀한 묘사, 장면 위주

예시: "엘리베이터 숫자는 천천히 바뀌었다. 3, 4, 5. (느림) 문이 열렸다. 나는 뛰었다. (빠름)"

내적 독백 (Interior Monologue)

개념: 인물의 마음속 말을 그대로 보여주는 기법이다. 조이스의 『율리시스』 마지막 장이 대표적이다.

적용법: 자전적 에세이에서는 자연스럽게 쓸 수 있다. 하지만 같은 생각을 반복하지 말아야 한다. 내적 독백과 장면을 교차 배치하면 더 효과적이다.

효과: 인물의 내면에 직접 접근한다.

예시: "지금 말하면 늦을까? 벌써 늦었을까?"

대화 태그 (Dialogue Tag)

개념: "그가 말했다", "그녀가 대답했다" 같은 표지다. 누가 말하는지 알려주는 표시다.

적용법: 많이 쓰면 문장이 지저분해진다. 최소화해야 한다. 대신 동작을 넣으면 자연스럽다. "말했다" 대신 "창밖을 봤다", "고개를 들었다" 같은 행동을 쓴다.

효과: 대화 태그 없이도 누가 말하는지 알 수 있고, 동시에 그 사람의 상태나 감정도 드러난다.

비교: • 과다: "괜찮아." 그가 말했다. "정말?" 그녀가 물었다

 • 개선: "괜찮아." 그가 창밖을 봤다. "정말?" 그녀가 고개를 들었다

서브텍스트 (Subtext)

개념: 대사나 행동 아래 깔린 진짜 의미다. "말하지 않지만 느껴지는 것"이다. 핀터나 체호프의 희곡이 서브텍스트의 대가다.

적용법: 직설적 표현 대신 침묵, 동작, 사물로 의미를 전달한다. 독자가 행간을 읽게 만드는 것이다.

효과: "엄마는 화났다"고 쓰는 것보다, 엄마가 물을 세게 잠그거나 문을 쾅 닫는 행동을 보여주는 게 더 강렬하다.

예시: "엄마는 설거지하던 물을 잠갔다. '그래, 알았다'" (말은 동의했지만, 물을 잠근 행동은 화났다는 뜻)

디에게시스 (Diegesis)

개념: '이야기 세계 안'이라는 뜻의 그리스어다. 반대는 미머시스(모방, 재현)다. 플라톤이 『국가』에서 구분한 개념이다.

적용법: 디에게시스는 요약과 설명, 미메시스는 장면과 재현이다. 둘을 적절히 섞어야 한다.

효과: 모든 걸 장면으로만 쓰면 글이 너무 길어지고, 모든 걸 요약으로만 쓰면 생동감이 없다.

비교: • 디에게시스: "우리는 자주 싸웠다"

　　　 • 미메시스: (실제 싸움 장면을 보여줌)

영역 4. 의미와 장치

모티프 (Motif)

개념: 반복 등장하여 의미를 강화하는 요소다. 사물, 색, 소리, 장소 등이다. 피츠제럴드의 『위대한 개츠비』에서 녹색 불빛이 반복해서 나온다.

적용법: 에세이 12편을 쓸 때, 모든 편에 공통으로 등장하는 작은 상징 하나를 설정하면 통일감이 생긴다. 단, 너무 노골적으로 반복하면 유치해 보인다. 자연스럽게 변주해야 한다.

효과: 독자는 그 모티프를 보며 "아, 이 작가의 세계구나" 하고 느낀다.

예시: "봄마다 돌아오는 그 파란 머그컵. 어떨 때는 깨졌고, 어떨 때는 가득 차 있었다"

은유 (Metaphor)

개념: A를 B로 빗대어 의미를 확장하는 기법이다. 아리스토텔레스는 『시학』에서 "좋은 은유를 만드는 것이 천재의 표식"이라고 했다.

적용법: 진부한 표현을 피해야 한다. "시간은 금이다", "인생은 여행이다" 같은 낡은 은유는 독자에게 아무것도 주지 못한다. 당신만의 생활 경험에서 나온 신선한 은유를 써야 한다.

효과: 독자가 "오, 정말 그렇네" 하고 고개를 끄덕이는 은유가 살아 있는 은유다.

예시: "그의 침묵은 닫힌 우편함 같았다. 편지가 쌓여도 아무도 열지 않는"

환유와 제유 (Metonymy & Synecdoche)

개념: 둘 다 수사법이다. 환유는 관련 있는 것으로 대신 표현하는 것이다. 제유는 부분으로 전체를 암시하는 것이다.

적용법: 에세이에서는 제유가 더 유용하다. 강한 이미지 하나로 전체 상황을 압축할 수 있으니까. 긴 설명 대신 하나의 구체적 이미지를 던지면 독자의 상상력이 작동한다.

효과: 프루스트가 마들렌 과자로 전체 과거를 불러내는 것도 일종의 제유다.

예시: • 환유: "청와대가 발표했다" (정부를 의미)

  • 제유: "굽이 두 번 바닥을 긁는 소리가 들리면 저녁이 온 것이다" (엄마의 귀가)

상징 (Symbol)

개념: 구체적 사물에 추상적 의미를 부여하는 것이다. 모티프와 비슷하지만, 상징은 더 보편적인 의미를 담는다.

적용법: 너무 뻔한 상징을 피해야 한다. 비둘기=평화, 장미=사랑 같은 건 독자에게 새로운 통찰을 주지 못한다. 당신의 경험에서 자연스럽게 나온 상징을 써야 한다.

효과: 보편적이면서도 개인적인 의미가 겹쳐진다.

예시: "할머니의 낡은 가위는 우리 집안의 인내였다"

아이러니 (Irony)

개념: 겉과 속이 다른 것, 예상과 반대인 것이다. 소크라테스의 반어법도 아이러니다.

적용법: 에세이에서는 극적 아이러니를 자주 쓴다. "그때 나는 몰랐다. 그게 마지막이 될 줄." 이렇게 하면 독자는 화자보다 더 많이 알게 되고, 긴장감이 생긴다.

효과: 인생의 역설을 드러낸다. 우리가 추구했던 게 정작 불행의 원인이었다거나, 피하려던 게 축복이었다는 것을 보여준다.

예시: "그날 나는 행복했다. 아직 전화를 받기 전이었다"

영역 5. 실전 원칙

비식별화 원칙 (De-identification)

개념: 자전적 에세이는 실제 인물이 나온다. 타인의 권리와 정보를 보호하는 게 법적·윤리적 의무다.

적용법: 실명을 가명으로, 구체적 직함을 일반명사로, 정확한 지명을 지역명으로 바꾼다. 단, 이야기의 본질을 해치지 않는 선에서다. 중요한 건 디테일이 아니라 경험의 본질이다.

효과: 독자는 "삼성동"이 아니라 당신의 경험에 공감한다. 지명을 바꿔도 감동은 그대로다.

주의 사항: 타인에 대한 존중이다. 아무리 사실이어도 상대를 일방적으로 비난하거나 사생활을 폭로하는 건 윤리적으로 문제가 있다.

비교: • 변경 전: "삼성동 본사의 김철수 부장님"
 • 변경 후: "강남 어느 회사의 상사"

AI와 함께 문학 기법 활용하기

이 가이드의 모든 기법은 AI와 함께 쓸 때 더 효과적이다. 기법을 알아도 실제로 적용하기는 어렵다. AI는 당신의 글에 어떤 기법을 어떻게 적용할지 구체적으로 도와줄 수 있다.

구조 설계와 재배치

• **3막 구조 적용**: "내 에세이 초고를 3막 구조로 재구성해줘. 1막(설정), 2막(갈등), 3막(해결)이 명확히 드러나도록 단락을 재배치하고, 각 막의 시작과 끝을 표시해줘"

- **인 미디어스 레스**: "이 에세이를 가장 긴박한 순간부터 시작하도록 첫 단락을 재작성해줘. 배경 설명은 나중에 자연스럽게 삽입할 수 있게"

- **순환 구조**: "첫 문장과 마지막 문장이 연결되는 순환 구조를 만들고 싶어. 첫 문장을 보여줄 테니, 의미가 바뀐 버전의 마지막 문장을 제안해줘"

- **영웅의 여정**: "내 경험담을 영웅의 여정 구조로 재배치해줘. 일상-소명-거부-도전-시련-깨달음-귀환 순서로"

시점 전환과 실험

- **시점 비교**: "이 단락을 1인칭과 3인칭 제한 시점 두 가지로 각각 써줘. 어떤 시점이 더 효과적인지 비교하고 싶어"

- **자유간접화법**: "이 3인칭 서술을 자유간접화법으로 바꿔줘. 인물의 생각이 따옴표 없이 지문에 자연스럽게 스며들게"

- **관찰자 시점**: "엄마에 대한 이 에세이를 관찰자 시점으로 다시 써줘. 내가 주인공이 아니라 엄마를 지켜보는 입장으로"

- **신뢰할 수 없는 화자**: "이 단락에 미묘한 불신 신호 2~3개를 심어줘. 화자의 기억이나 판단이 완벽하지 않다는 암시를"

장면 기법 적용

- **쇼와 텔 분석**: "이 단락에서 '텔'(설명)로 쓴 문장을 찾아내고, 각각을 '쇼'(장면)로 바꿔줘"

- **빙산 이론**: "이 문장들에서 감정을 직접 표현한 부분을 찾아서, 행동이나 사물로 암시하는 방식으로 다시 써줘"

- **페이싱 조절**: "이 장면의 속도가 너무 빠른 것 같아. 긴 문장과 세밀한 묘사를 추가해서 느리게 만들어줘"

- **대화 태그 개선**: "과도한 '말했다', '대답했다'를 동작 태그로 바꿔줘"

- **장면과 요약 비율**: "이 에세이의 장면:요약 비율을 분석하고, 7:3 정도로 조정해줘"

의미와 장치 강화

- **모티프 설계**: "내 12편 에세이에 공통으로 사용할 수 있는 모티프 3가지를 제안해줘. 각 모티프가 어떻게 변주될 수 있는지도 알려줘"

- **체호프의 총**: "이 에세이에서 미회수된 복선이나 디테일을 찾아줘. 그리고 각각을 어디서 어떻게 회수하면 좋을지 제안해줘"

- **은유 개선**: "이 은유 표현들 중 진부한 것을 찾아내고, 더 신선한 은유로 바꿔줘. 내 일상 경험을 바탕으로"

- **아이러니 찾기**: "이 에세이에서 극적 아이러니를 만들 수 있는 지점을 찾아줘. '그때 나는 몰랐다' 스타일로"

비식별화 검토

- **식별 위험 찾기**: "이 에세이에서 실명, 구체적 직장명, 정확한 지명, 특정 가능한 신체 특징이나 사건을 찾아줘. 타인의 프라이버시를 침해할 수 있는 부분을 표시해줘"

- **비식별화 제안**: "이 문장들을 비식별화해줘. 단, 이야기의 본질과 감정은 그대로 유지해야 해"

- **윤리적 검토**: "이 에세이에서 타인을 부당하게 비난하거나 일방적 시각으로 묘사한 부분이 있는지 찾아줘"

종합 분석과 피드백

- **전체 구조 분석**: "이 에세이의 구조를 분석해줘. 3막 구조가 잘 작동하는지, 페리페테이아(전환점)가 적절한 위치에 있는지, 카타르시스가 있는지 평가해줘"

- **기법 적용도 체크**: "이 에세이에서 사용된 문학 기법을 찾아내고, 추가로 적용하면 좋을 기법을 제안해줘"

- **시점 일관성**: "이 에세이에서 시점이 흔들리는 부분을 찾아줘. 1인칭과 3인칭이 섞이거나, 화자의 위치가 불분명한 곳을"

주의 사항: AI의 제안은 참고 자료다. 그대로 쓰면 당신의 목소리가 아니다. AI가 제안한 문장을 보고 "아, 이런 방향이구나" 하고 이해한 다음, 당신의 말투로 다시 써야 한다. 70/20/10 규칙을 기억하라. 70%는 당신의 목소리, 20%는 문학사의 기법, 10%는 AI의 도움이다.

이 가이드가 당신의 에세이 집필에 도움이 되기를 바란다. 기법은 도구일 뿐이다. 중요한 건 당신의 경험과 목소리다. 기법을 알되 기법에 갇히지 말고, 자유롭게 쓰면 된다. 필요할 때 이 가이드를 펼쳐보고, "아, 이걸 써먹으면 되겠네" 하고 적용하면 그만이다.

(PART B)

문학적 표현 사전

"슬펐다", "기뻤다" 같은 직접적 표현 대신,
감각과 이미지로 감정을 전달하는 것이 좋은 에세이의 조건이다.
헤밍웨이의 빙산 이론이 말하는 것처럼, 드러난 1/8보다 숨겨진 7/8이 더 강렬하다.

이 사전은 자주 쓰는 감정과 상황을 문학적으로 표현하는 방법을 제시한다.
그대로 베껴 쓰라는 게 아니다. 이 표현들을 참고해서 당신만의 문장을 만들면 된다.
각 항목은 '직접 표현'과 '감각 표현', 그리고 '적용 팁'으로 구성된다. 막힐 때 펼쳐보고,
"아, 이런 식으로 쓰면 되겠구나" 하는 영감을 얻으면 된다.

영역 1. 감정 표현

슬픔

직접 표현: "나는 슬펐다"

감각 표현:

- "목구멍에 뭔가 걸린 것 같았다"

- "그날 저녁, 밥을 차릴 수가 없었다"

- "창밖을 봤지만 아무것도 보이지 않았다"

- "휴대폰을 들었다 놨다를 반복했다"

- "커튼을 열지 않았다. 사흘째"

- "엄마 목소리가 이상하게 멀게 들렸다"

- "책을 펼쳤지만 같은 줄만 읽었다"

- "손이 차가웠다. 여름인데도"

적용 팁: 슬픔은 '못하는 것'으로 표현된다. 평소 하던 일상이 멈추거나, 감각이 둔해지거나, 단순한 행동을 반복하는 모습으로 보여준다.

분노

직접 표현: "나는 화가 났다"

감각 표현:

- "손톱이 손바닥에 박혔다"

- "문을 닫는데 소리가 생각보다 컸다"

- "물을 틀었다 잠갔다 다시 틀었다"

- "그의 말이 끝나기 전에 자리에서 일어났다"

- "엘리베이터 버튼을 세 번 눌렀다"

- "턱에 힘이 들어갔다. 이가 부딪쳤다"

- "핸드폰을 테이블에 내려놓았다. 쿵"

- "숨을 코로 거칠게 내쉬었다"

적용 팁: 분노는 '과한 힘'이나 '통제 불능'으로 드러난다. 평소보다 세게, 빠르게, 반복적으로 하는 행동을 보여준다.

기쁨

직접 표현: "나는 기뻤다"

감각 표현:

- "계단을 두 칸씩 올라갔다"
- "그날 저녁은 혼자 먹는데도 맛있었다"
- "지나가는 사람들이 다 웃는 것 같았다"
- "휴대폰 화면을 열 번쯤 확인했다"
- "노래를 흥얼거리고 있었다. 언제부터인지 모르게"
- "엄마에게 전화를 걸었다. 목소리가 높아졌다"
- "걸음이 가벼웠다"
- "신호등 빨간불이 짧게 느껴졌다"

적용 팁: 기쁨은 '넘치는 에너지'로 표현된다. 평소보다 빠르게, 가볍게, 자발적으로 움직이는 모습을 보여준다.

두려움

직접 표현: "나는 두려웠다"

감각 표현:

- "숨소리가 들렸다. 내 숨소리였다"
- "초인종 소리에 심장이 떨어졌다"
- "휴대폰을 뒤집어 놨다. 화면이 보이지 않게"
- "손이 차가웠다. 7월인데도"

- "문손잡이를 잡았다 놨다 다시 잡았다"

- "침대에 누웠지만 눈이 감기지 않았다"

- "시계를 봤다. 3분 전에도 봤다"

- "목소리가 떨렸다. 평소와 다르게"

적용 팁: 두려움은 '위축'과 '경계'로 드러난다. 몸이 움츠러들거나, 과민하게 반응하거나, 회피하는 행동을 보여준다.

그리움

직접 표현: "나는 그가 그리웠다"

감각 표현:

- "그 사람이 앉던 자리가 비어 있었다"

- "냉장고를 열었다가 그냥 닫았다"

- "휴대폰에서 이름을 검색했다. 지우지 못한 이름"

- "비슷한 뒷모습만 봐도 고개가 돌아갔다"

- "옛날 문자를 읽었다. 새벽 두 시에"

- "그가 좋아하던 음악이 흘러나왔다. 라디오에서"

- "그 사람 목소리가 들리는 것 같았다"

- "선물 받은 컵을 매일 썼다"

적용 팁: 그리움은 '부재'와 '흔적'으로 표현된다. 비어 있는 공간, 남아 있는 물건, 반복되는 습관을 보여준다.

허무

직접 표현: "모든 게 허무했다"

감각 표현:

- "뉴스를 틀었지만 무슨 말인지 들리지 않았다"

- "밥을 먹었지만 뭘 먹었는지 기억나지 않았다"

- "하루가 지났는지 안 지났는지 알 수 없었다"

- "좋다거나 나쁘다거나 할 것도 없었다"

- "책을 펼쳤지만 같은 줄을 세 번 읽었다"

- "옷을 입었지만 거울을 보지 않았다"

- "시간이 흐르는지 멈췄는지 구분이 안 됐다"

적용 팁: 허무는 '무감각'과 '단절'로 드러난다. 의미가 사라지고, 시간이 흐릿해지고, 감각이 둔해지는 모습을 보여준다.

부끄러움

직접 표현: "나는 부끄러웠다"

감각 표현:

- "귀가 뜨거웠다"

- "고개를 들 수가 없었다"

- "손이 갈 곳을 몰랐다"

- "말을 시작했는데 목소리가 떨렸다"

- "계단을 빨리 내려갔다. 뛰다시피"

- "거울을 피했다. 며칠 동안"

- "얼굴이 달아올랐다"

- "시선이 바닥으로 떨어졌다"

적용 팁: 부끄러움은 '회피'와 '축소'로 표현된다. 시선을 피하고, 몸을 작게 만들고, 빨리 사라지려는 모습을 보여준다.

영역 2. 감각 표현

시각

빛:

- "창문 틈으로 빛이 칼처럼 들어왔다"

- "가로등 불빛이 아스팔트를 핥았다"

- "형광등이 깜빡였다. 죽기 직전처럼"

- "햇빛이 먼지를 비췄다"

- "그림자가 벽을 타고 올라갔다"

색:

- "하늘이 회색도 아니고 흰색도 아니었다"

- "그의 얼굴에 그림자가 절반쯤 걸쳐 있었다"

- "신호등 빨간불이 유난히 오래 갔다"

- "커튼이 햇빛을 걸렀다"

- "물이 녹색으로 흐렸다"

움직임:

- "나뭇잎이 비틀거렸다"
- "커튼이 숨 쉬듯 흔들렸다"
- "그의 손이 공중에서 멈췄다"
- "차들이 천천히 기어갔다"
- "연기가 하늘로 풀렸다"

청각

소리의 질감:

- "빗소리가 플라스틱 지붕을 두들겼다"
- "엘리베이터 문이 쇠처럼 닫혔다"
- "숟가락이 그릇에 부딪치는 소리만 났다"
- "발소리가 복도에 울렸다"
- "물이 하수구로 빨려 들어갔다"

침묵:

- "아무 소리도 들리지 않았다. 숨소리까지"
- "그의 말이 끝나고 정적이 왔다"
- "전화기 너머가 텅 비어 있었다"
- "시계 소리만 똑딱거렸다"
- "세상이 조용했다. 너무"

촉각

온도:

- "손잡이가 차갑게 물었다"
- "햇볕이 등을 눌렀다"
- "이불 속이 차가웠다. 한겨울인데도"
- "바람이 얼굴을 때렸다"
- "찻잔이 손바닥을 데웠다"

질감:

- "종이가 손가락에 베였다"
- "마루가 발바닥에 딱딱했다"
- "머리카락이 목덜미에 붙었다"
- "옷이 피부에 달라붙었다"
- "벽이 거칠게 손을 긁었다"

후각

냄새의 기억:

- "할머니 집 냄새가 났다. 오래된 장롱 냄새"
- "비 냄새가 아스팔트에서 올라왔다"
- "그의 옷에서 담배 냄새가 났다. 엷게"
- "커피 향이 복도까지 번졌다"
- "눅눅한 책 냄새가 코를 찔렀다"

- "병원 소독약 냄새가 목구멍까지 왔다"
- "겨울 공기가 쇠 냄새를 풍겼다"

미각

맛의 부재:

- "밥이 모래처럼 씹혔다"
- "물이 쓴맛이었다"
- "아무 맛도 나지 않았다"
- "커피가 식었는데도 마셨다"
- "음식이 목구멍을 넘어가지 않았다"
- "단맛이 쓴맛처럼 느껴졌다"

영역 3. 시간과 공간

새벽

- "새벽 다섯 시, 세상이 회색이었다"
- "첫 버스 소리가 들렸다"
- "가로등이 하나씩 꺼졌다"
- "새들이 우는 소리에 잠이 깼다"
- "아직 어둠이 남아 있었다"
- "공기가 차갑고 날카로웠다"
- "하늘이 우유빛이었다"
- "거리가 텅 비어 있었다"

저녁

- "해가 건물 사이로 기울었다"

- "가로등이 하나씩 켜졌다"

- "퇴근 시간, 사람들이 쏟아져 나왔다"

- "저녁 밥 냄새가 골목에 번졌다"

- "하늘이 주황에서 보라로 바뀌었다"

- "창문마다 불이 하나둘 켜졌다"

- "그림자가 길어졌다"

- "공기가 무거워졌다"

계절

봄:

- "벚꽃이 떨어져 아스팔트에 붙었다"

- "바람이 부드러웠다. 처음으로"

- "개나리가 담장을 넘었다"

- "흙 냄새가 올라왔다"

- "겨울 옷을 벗었다"

여름:

- "아스팔트에서 열기가 올라왔다"

- "매미 소리가 귀를 막았다"

- "땀이 등을 타고 흘렀다"

- "그늘을 찾았다"
- "물을 마셔도 목이 말랐다"

가을:

- "은행잎이 노랗게 깔렸다"
- "저녁 공기가 날카로웠다"
- "감나무에 감이 주렁주렁 매달렸다"
- "낙엽이 발밑에서 바스러졌다"
- "코끝이 시렸다"

겨울:

- "입김이 하얗게 나왔다"
- "창문에 성에가 꽃처럼 폈다"
- "손이 호주머니를 찾았다"
- "길이 얼어붙었다"
- "해가 일찍 졌다"

비

- "빗방울이 창문을 타고 내렸다"
- "우산 없는 사람들이 처마 밑으로 몰렸다"
- "비 냄새가 먼저 왔다. 빗방울보다"
- "장화 속으로 물이 스며들었다"

- "아스팔트가 검게 젖었다"

- "빗소리가 세상을 덮었다"

- "차들이 물을 튀겼다"

- "하늘이 잿빛으로 내려앉았다"

도시

- "신호등이 규칙적으로 바뀌었다"

- "지하철 문이 열리자 사람들이 쏟아졌다"

- "간판 불빛이 밤을 밀어냈다"

- "골목에서 고양이 울음소리가 났다"

- "택시 불빛이 비를 가르며 지나갔다"

- "편의점 형광등이 환했다"

- "빌딩이 하늘을 잘랐다"

- "경적이 사방에서 울렸다"

집

- "현관문 여는 소리에 집안이 반응했다"

- "냉장고 소리만 들렸다. 웅웅"

- "창문을 열자 바람이 커튼을 흔들었다"

- "벽시계 초침 소리가 유난히 컸다"

- "빈 집에서 발소리가 울렸다"

- "먼지가 햇빛 속에서 떠다녔다"

- "익숙한 냄새가 코를 찔렀다"

- "소파가 내 몸을 기억했다"

영역 4. 관계와 상황

이별

- "그의 뒷모습이 모퉁이에서 사라졌다"

- "문자를 지웠다. 다시 썼다. 다시 지웠다"

- "빈 컵이 두 개 놓여 있었다"

- "이름이 연락처에서 사라졌다"

- "그가 앉던 자리가 비었다"

- "마지막 문자가 읽음 표시 없이 남았다"

- "짐을 챙겼다. 한 시간 만에"

- "열쇠를 테이블에 놨다"

만남

- "멀리서 그를 알아봤다. 걸음걸이로"

- "문이 열리고 그가 들어왔다"

- "약속 시간보다 십 분 일찍 도착했다"

- "그의 목소리가 전화기 너머로 들렸다"

- "손을 흔드는 게 보였다"

- "그가 웃으며 다가왔다"

- "오랜만이라는 말이 먼저 나왔다"

- "포옹이 어색했다. 처음엔"

침묵

- "아무도 말하지 않았다"

- "시계 소리만 들렸다"

- "그가 창밖을 봤다. 나도 창밖을 봤다"

- "답장이 오지 않았다. 하루가 지났다"

- "침묵이 길어졌다"

- "누군가 말을 해야 했지만 아무도 입을 열지 않았다"

- "머리를 굴렸지만 할 말이 없었다"

- "컵만 만지작거렸다"

기다림

- "시계를 열 번쯤 확인했다"

- "문 여는 소리에 매번 고개를 들었다"

- "휴대폰 화면을 켰다 껐다 반복했다"

- "커피가 식었다. 두 번째"

- "약속 시간이 십 분 지났다"

- "의자를 당겨 앉았다 다시 밀었다"

- "창밖만 봤다"

- "다리를 떨었다. 무의식중에"

상실

- "그 자리가 비어 있었다"

- "물건을 정리했다. 하나씩"

- "옷장에서 냄새가 났다. 아직"

- "전화번호를 지울 수가 없었다"

- "책상 위가 깨끗해졌다"

- "익숙한 소리가 들리지 않았다"

- "습관이 남았다. 사람은 없는데"

- "사진을 상자에 넣었다"

영역 5. 몸의 언어

손

- "주먹을 쥐었다가 폈다"

- "손톱을 뜯었다. 무의식중에"

- "테이블을 손가락으로 두드렸다"

- "손이 떨렸다. 커피잔을 들 수가 없었다"

- "손바닥에 땀이 났다"

- "손을 주머니에 넣었다"

- "손가락이 허공을 그렸다"

- "손등으로 눈을 닦았다"

눈

- "눈을 마주칠 수가 없었다"
- "그가 먼 곳을 봤다"
- "눈이 따갑게 뜨거워졌다"
- "눈을 감았다. 오래"
- "눈을 비볐다"
- "시선이 바닥으로 떨어졌다"
- "눈이 마주쳤다. 잠깐"
- "눈을 깜빡이지 않았다"

입

- "입술을 깨물었다"
- "말을 삼켰다"
- "입이 마르게 말했다"
- "웃었지만 소리는 나지 않았다"
- "입술이 떨렸다"
- "입을 열었다 다시 다물었다"
- "혀가 입천장에 붙었다"
- "말이 목에 걸렸다"

걸음

- "걸음이 느려졌다"

- "계단을 한 칸씩 내려갔다"

- "뒤돌아보지 않고 걸었다"

- "발걸음이 무거웠다. 납덩이처럼"

- "빨리 걸었다. 뛰다시피"

- "발이 제자리를 맴돌았다"

- "걸음을 멈췄다"

- "발이 앞으로 나가지 않았다"

AI와 함께 표현 사전 활용하기

이 표현 사전은 AI와 함께 쓸 때 더 효과적이다. 당신의 직접적 표현을 감각 표현으로 바꾸거나, 당신만의 표현 사전을 만들거나, 과도한 설명을 찾아내는 데 AI가 도움을 줄 수 있다.

1. 직접 표현을 감각 표현으로 변환하기

- **기본 프롬프트**: "이 문장을 빙산 이론을 적용해서 감각 표현으로 바꿔줘. 감정을 직접 말하지 말고, 행동이나 감각으로 보여줘"

- **예시 적용**: 당신이 쓴 문장 "나는 슬펐다" → AI 프롬프트: "이 문장을 5가지 방식으로 감각 표현으로 바꿔줘. 목소리, 몸의 변화, 일상의 멈춤 등으로" → AI가 제안하면, 그중에서 당신의 경험에 맞는 것을 선택하거나 변형한다

- **구체적 맥락 추가**: "나는 아버지가 돌아가셨을 때 슬펐다를 감각 표현으로 바꿔줘. 장례식장 상황을 배경으로"

2. 당신만의 표현 사전 만들기

- **맞춤형 사전**: "내가 자주 쓰는 감정 10가지(예: 불안, 안도, 외로움, 짜증, 설렘, 후회, 질투, 감사, 무기력, 긴장)를 감각 표현으로 바꿔서 나만의 표현 사전을 만들어줘. 각 감정마다 5개씩 예시를 달되, 일상적이고 구체적인 행동 중심으로"
- **특정 상황**: "직장에서 겪는 감정(스트레스, 성취감, 억울함, 피로, 동료애)을 사무실 배경으로 감각 표현해줘"
- **관계별 표현**: "가족 관계에서 느끼는 감정(죄책감, 그리움, 답답함, 안도, 사랑)을 집 안 풍경으로 표현해줘"

3. 과도한 설명 찾아내기

- **감정 직접 표현 찾기**: "이 단락에서 감정을 직접 설명한 문장을 찾아줘. 그리고 각 문장을 '보여주기' 방식으로 바꿔줘"
- **쇼와 텔 분석**: "이 에세이에서 '텔'로 쓴 부분을 모두 표시하고, 그중 '쇼'로 바꾸면 좋을 문장 5개를 골라서 변환해줘"
- **비교 버전**: "이 문장의 직접 표현 버전과 감각 표현 버전을 나란히 보여줘. 어떤 게 더 강렬한지 비교하고 싶어"

4. 상황별 표현 확장하기

- **특정 장소**: "병원, 공항, 카페, 지하철, 공원에서 느끼는 감정들을 그 장소의 감각(소리, 냄새, 빛)으로 표현해줘"
- **특정 시간**: "밤, 새벽, 한낮, 석양 무렵의 분위기를 빛과 소리와 온도로 표현해줘"
- **날씨와 감정**: "눈, 비 내리는 날, 폭염, 태풍 때의 감정을 날씨 묘사와 함께 표현해줘"

5. 진부한 표현 피하기

- **클리셰 찾기**: "이 문장들 중 진부하거나 흔한 표현을 찾아내고, 더 신선한 감각 표현으로 바꿔줘"

- **은유 개선**: "'심장이 뛰었다', '가슴이 찢어졌다' 같은 상투적 은유를 피하고, 일상 사물로 새로운 은유를 만들어줘"

- **독창성 검토**: "이 표현들이 너무 흔한 것은 아닌지 평가하고, 더 개성 있는 버전을 제안해줘"

6. 오감 균형 맞추기

- **오감 분석**: "이 에세이에서 사용된 감각 표현을 시각, 청각, 촉각, 후각, 미각으로 분류하고, 비율을 알려줘"

- **부족한 감각 보강**: "이 단락에 청각과 후각 표현이 부족한 것 같아. 3개씩 추가해줘"

- **오감 다양화**: "같은 감정(슬픔)을 오감으로 각각 한 번씩 표현해줘"

7. 표현의 강도 조절

- **강도별 버전**: "이 슬픔 표현을 1~10 강도로 5가지 버전을 만들어줘. 미묘한 슬픔부터 깊은 비탄까지"

- **절제 버전**: "이 표현이 너무 과격한 것 같아. 더 절제되고 은근한 버전으로 바꿔줘"

- **강렬한 버전**: "이 표현이 너무 평범한 것 같아. 더 강렬하고 인상적인 버전으로 바꿔줘"

주의 사항: AI가 제안한 표현을 그대로 쓰면 당신의 목소리가 아니다. 반드시 당신의 경험과 감각에 맞게 변형해야 한다. 이 사전과 AI는

막혔을 때 돌파구를 찾는 도구다. 최종 문장은 언제나 당신이 만들어야 한다.

변형 연습 예시:

- 사전 표현: "목구멍에 뭔가 걸린 것 같았다"
- AI 제안: "가슴이 답답했다" / "숨이 얕아졌다" / "손이 떨렸다"
- 당신의 변형: "목소리가 나오지 않았다" / "눈물이 나오지 않았다" / "차가 목구멍을 막았다"

당신의 경험, 당신의 감각으로 다시 써라. 그게 진짜 당신의 문장이다. 빙산 이론을 기억하라. 감정을 직접 말하지 말고, 행동과 감각으로 암시하라. 독자가 스스로 느끼게 하는 것, 그게 좋은 에세이의 힘이다.

생성형 AI 선구자의 통찰
샘 올트먼이 말하는 AI와 글쓰기의 영혼

"AI가 당신 대신 글을 써준다면, 그게 진짜 당신의 글일까요?"

OpenAI의 CEO 샘 올트먼은 명확히 선을 긋는다. "글쓰기는 사고를 밖으로 꺼내는 과정입니다. 자신이 진정으로 믿는 것을 발견하는 방법이죠." (Writing is externalized thinking... a way to figure out what you actually believe) 이 책의 마지막 교정 중 발견한 올트먼과 데이비드 페럴의 "How I Write" 팟캐스트 대화(2024년 9월)는 놀랍게도 이 책의 방향과 정확히 일치했다.

사고의 도구, 대필 작가가 아닌

많은 사람이 AI를 글쓰기 아웃소싱 기계로 오해한다. 올트먼은 더 깊은 관점을 제시한다. "저는 AI를 브레인스토밍 파트너로 사용합니다. 막혔을 때 아이디어를 던져보고, 다른 각도를 탐색하죠." 그에게 AI는 "아이디어 공간에서 새로운 것을 발견하도록 돕는" 스파링 파트너다.

이것은 이 책의 3위일체 철학과 정확히 일치한다. AI를 지치지 않는 코치이자 파트너로 대하는 과정이 강력한 글쓰기 훈련이 된다. 목표는 AI가 당신 대신 쓰게 하는 것이 아니라 "더 높은 품질의 사고를 끌어내는 것"이다.

복제 불가능한 인간 경험의 가치

페럴이 "AI가 베스트셀러를 쓸 수 있을까요?"라고 묻자, 올트먼은 "기술적으로는 가능하지만 독자들이 그 책을 읽고 작가를 만나고 싶어 할까요?" AI는 글쓰기 기술을 도울 수 있지만, "훌륭한 아이디어를 갖는 것, 자신이 원하는 것을 아는 것, 취향, 큐레이션"은 모방할 수 없다고 그는 강조한다.

올트먼은 독자가 인간 작가를 찾는 이유를 아름답게 표현한다. "AI가 쓴 글을 읽고 그런 감정을 느낄 것 같지 않습니다… 중요한 인간 경험을 공유한다고 느끼게 됩니다." (I don't think I'll ever have that feeling about AI writing… you feel like you have this important shared human experience…). 독자는 단순히 단어를 소비하지 않는다. 다른 인간과의 연결을 추구한다. 당신의 고유한 목소리와 경험은 기계가 흉내 낼 수 없는 궁극적 강점이다.

마치며

생성형 AI의 창시자가 확인해준다. AI는 대필 작가가 아니라 사고의 도구라고. 독자가 원하는 것은 기계가 생성한 문장이 아니라 인간과 인간의 연결이라고.

오늘 일어난 가장 사소한 일을 한 문단으로 써보자. 그다음 AI에게 "이 경험을 더 생생하게 만들려면?"이라고 물어보라. AI의 제안을 듣되, 최종 선택은 당신의 기억과 감정으로 하라.

당신의 글 70%, 문학사 20%, AI 10%. 이 비율을 지키는 한, AI는 당신의 목소리를 빼앗지 않는다. 오히려 증폭시킨다. 올트먼이 말했듯, 그리고 이 책이 강조했듯, AI는 당신이 더 명확하게 당신이 되도록 돕는다. 당신의 이야기는 이미 충분히 가치 있다.